你盧梭系的？

跟著盧梭看民主共和

劉燁 、 曾紀軍 編譯

從本書中，我們可以感悟盧梭對人生、自然的態度，領略盧梭對社會、財富、科學與藝術的理解，體味盧梭那純樸、澄明、追求完美的天性……

U0075415

 崧燁文化

目錄

內容提要

序言

盧梭的一生

上篇　論民主

　第一章　社會形態 18

　　論古老的社會 18

　　論最強者的權利 19

　　論奴隸制 21

　　論最初的約定 24

　　論社會契約 25

　　論主權體 27

　　論社會狀態 29

　　論財產 30

　第二章　主權與公意 33

　　論主權 33

　　論公意 35

　　論權力的界限 36

　　論生死權 39

　　論法律 41

　　論立法者 42

　　論人民 46

　　論立法體系 49

　第三章　政府 51

　　論政府 51

論政府的類型 ……………………………………… 53

論民主制 ……………………………………………… 55

論貴族制 ……………………………………………… 56

論國君制 ……………………………………………… 57

論混合政府 …………………………………………… 60

論一個好政府的標誌 ………………………………… 61

論維護主權權威 ……………………………………… 63

論代理人 ……………………………………………… 66

論政府的創制 ………………………………………… 68

第四章　選舉與監察 ………………………………… 71

論公意不可摧毀 ……………………………………… 71

論投票 ………………………………………………… 72

論選舉 ………………………………………………… 75

論獨裁 ………………………………………………… 76

論監察 ………………………………………………… 79

論公民宗教 …………………………………………… 81

第五章　人類的不平等 ……………………………… 84

人類的兩種不平等 …………………………………… 84

從自然狀態來考察人 ………………………………… 86

從形而上學來考察人 ………………………………… 90

談談語言 ……………………………………………… 94

從道德方面來考察人 ………………………………… 98

關於戀愛 ……………………………………………… 102

圍起自己的土地 ……………………………………… 104

原始事物的進步 ……………………………………… 107

人類的新情況 ………………………………………… 111

社會制度 ……………………………………………… 114

關於父權 ……………………………………………… 116

　　真正的契約 118

　　名望與權威 120

　　不平等的頂點 121

下篇　論教育

第一章　嬰兒時期的教育 126

　　教育的意義 126

　　三大教育者 127

　　生命力的表達 129

　　語言的開始 130

第二章　兒童時期的教育 133

　　童年時光 133

　　教育法則 134

　　身體訓練 136

　　感官培養 137

第三章　少年時期的教育 140

　　少年時期 140

　　培養科學興趣 141

　　有用原則 144

　　《魯賓遜漂流記》的影響 146

　　職業的選擇 148

第四章　青年時期的教育 150

　　十六歲自愛的年齡 150

　　十八歲博愛的年齡 152

　　二十歲愛的年齡 153

第五章　女子教育 156

　　女子教育的目的 156

　　最初的教育 158

對身體的培養 159

明白做事情的意義 161

培養勤勞和約束的習慣 162

培養優秀的人格特質 164

信仰的教育 168

附錄

盧梭的信 175

盧梭名言 183

內容提要

尚·雅克·盧梭（公元一七一二至一七七八年），法國著名啟蒙思想家、哲學家、教育家、文學家，是十八世紀法國大革命的思想先驅，啟蒙運動最卓越的代表人物之一。

《你盧梭系的？》一書，精選數本盧梭代表作譯本，反映了盧梭民主哲學的主要思想和理論。為便於讀者閱讀，我們對部分內容做了刪節，適當加入副標題，並在每個副標題的正文前對這一標題的內容作了總結性的概括。從《你盧梭系的？》一書中，我們可以感悟盧梭對人生、大自然的態度，領略盧梭對社會、財富、科學與藝術的理解，體會盧梭那淳樸、清澈、追求完美的天性……

序言

尚·雅克·盧梭（公元一七一二至一七七八年），法國著名啟蒙思想家、哲學家、教育家、文學家，是十八世紀法國大革命的思想先驅，啟蒙運動最卓越的代表人物之一。

盧梭認為，一切權利應該屬於人民，而政府和官吏是由人民委任的，人民有權委任他們，也有權撤換他們，直至消滅奴役、壓迫人民的統治者。這就是盧梭的人民主權思想。

從盧梭的主要著作中，我們能夠非常清楚地了解盧梭的民主思想。盧梭的主要著作有：

《論人類不平等的起源和基礎》

該書是盧梭於公元一七五三年冬應法國第戎科學院的「人類不平等的起源是什麼？人類不平等是否為自然法所認可？」有獎徵文而作，一七五四年十月完成，一七七五年四月出版於阿姆斯特丹。

在書中，盧梭假想人類在進入社會狀態前曾生活在自然狀態中：那時的人類過著離群索居的生活，沒有固定的家庭生活，沒有住宅，沒有財產，人與人的交往最經常的只是兩性結合的短暫時期；生產力雖然低下，但由於人們的精神和物質需要都很少，就易於得到滿足；人沒有互相攻擊和掠奪的本性，只有憐憫他人和自我保存的感情；人的各種機能、慾望和情感都處於初級階段，不存在精神的、政治的不平等。但是人有獨特的、異於禽獸的自我完善能力，共同勞動、家庭的發展促進了人與人的交往，使人的潛在機能被

激發起來，導致社會狀態的出現。私有制是文明社會的基礎，農業和冶金術的發明是導致這一巨大變革的決定性原因。從此人類產生了許多新的欲望和偏見，道德急遽墮落，富人和窮人的差別出現了，人類陷入可怕的戰爭狀態。於是富人哄騙窮人訂立社會契約，社會和法律就是這樣起源的，它們保護富人欺壓窮人，這是不平等發展的第一階段。訂立了契約就需要有保障其實施的強力機構，權力的設立是不平等發展的第二階段，它確立了弱者和強者的區別。暴君政治的出現是不平等發展的第三階段和頂點，它確立了主人和奴隸的區別。既然暴君依仗暴力蹂躪法律，人民就有權用暴力推翻他。正如盧梭自己所說：「這部作品在全歐洲只有很少的讀者能讀懂，而在能讀懂的讀者中又沒有一個願意談論它。」伏爾泰曾嘲諷說，讀了此書「使人不禁想用四肢爬行」。

《社會契約論》

該書是盧梭原計劃寫作的《政治制度論》一書的撮要，公元一七六二年四月出版於阿姆斯特丹。

盧梭認為，人與人之間基於自由意志而訂立的社會契約是國家唯一的合法基礎。契約的目的在於達到每個結合者的平等和自由。平等是自由的前提，它的核心是財產私有制基礎上的同等權利。自由則是個人自由與社會服從的相一致，即每個公民既是主權者的一個成員，又是國家的一個臣民。盧梭把國家設想為一個公共人格，具有自己的生命和意志。國家的意志必須以人民的公共利益為基礎，永遠著眼於全體共同的目標才是公正的。盧梭認為，主權具有不可轉讓、不可分割、不可被代表的性質。主權必須由人民直接行使。法律的制定權只屬於人民。政府是主權者的執行人，它的權力來自人民的委託，人民透過定期集會來決定是否保留現有的政府形式，以及是否讓執行者繼續當政。為了防止政府篡奪主權，盧梭又提出小國論，以此保證人民集會，並監督政府。這部著作的激進原則和深刻哲理，對法國大革命、美國獨立戰爭和後世許多思想家影響深遠。

《愛彌兒》

該書是第一本小說體教育名著。寫於公元一七五七年，一七六二年第一次在荷蘭的阿姆斯特丹出版，轟動了整個法國和西歐一些資產階級國家。

在此書中，盧梭透過對他所假設的教育對象——愛彌兒的教育，來反對封建教育制度，闡述他的資產階級教育思想。盧梭的教育思想是從他的自然人性觀出發的。他認為，人生來是自由、平等的；在自然狀態下，人人都享受著這一天賦的權利，只是在人類進入文明狀態之後，才出現人與人之間的不平等、特權和奴役現象，從而使人失掉了自己的本性。為了改變這種不合理的狀況，他主張對兒童進行適應自然發展過程的「自然教育」，以培養資產階級理性王國的「新人」。盧梭的所謂「自然教育」，就是要服從大自然的永恆法則，聽任人的身心的自由發展，其手段就是生活和實踐，主張採用實物教學和直觀教學的方法，讓孩子從生活和實踐的切身體驗中，透過感官的感受去獲得他所需要的知識。與自然教育密切相關的，盧梭還主張對兒童進行勞動教育和自由、平等、博愛的教育，使之學會謀生的手段，及早地養成支配自己自由和體力的能力，並保持自然的習慣。

《懺悔錄》

該書是一部影響深遠的作品，寫於公元一七六五至一七六七年，當時盧梭被當局和教會通緝、逮捕，被人當作瘋子、「野蠻人」而受到緊追不捨的迫害，他在貧困潦倒、顛沛流離的流亡生活中斷斷續續完成該書。寫作的動機是還自己一個清白，是一部在四面受敵的情況下為己身存在辯護的自傳，整部書充滿震撼人心而悲憤的力量，讓人過目難忘。

《盧梭的民主哲學》一書，正是以上盧梭代表作的精選譯本，反映了盧梭民主哲學的主要思想和理論。

盧梭的一生

公元一七一二年六月二十八日，盧梭於日內瓦誕生。父親是鐘錶匠，母親則在他出生十天後就去世了。盧梭自幼由姑母蘇珊·盧梭撫養。

一七二二年，盧梭的父親離開日內瓦，正式定居尼永。盧梭和表兄寄養在離日內瓦不遠的傅塞城——朗貝西埃牧師家。

一七二四年，盧梭回日內瓦住在舅舅家，跟隨一名文書當學徒。盧梭的父親於一七二六年再婚，第三年，盧梭去了昂西，由一名神父介紹他去見德·華倫夫人。夫人派他去杜林新教士教育院，在那裡盧梭宣誓放棄新教信仰。他在杜林時曾於德·韋塞利夫人家當了三個月幫傭，後來又侍候德·古封伯爵。

一七二九年，盧梭回到昂西，住在德·華倫夫人家，然後在拉薩爾派神學院度過數月，成了大教堂唱詩班見習生。其間又去佛立堡、洛桑，在紐沙特教音樂課。

一七三六年，盧梭和德·華倫夫人首次住進秀美園。

一七三七年，根據日內瓦法律，盧梭成年，去日內瓦繼承母親的遺產。他動輒得病，對健康日益不安。

一七三八年，盧梭回秀美園，卻遭到德·華倫夫人冷漠對待，只好一人發奮自學。

一七四二年，盧梭到了巴黎；盧梭經人推薦向法蘭西科學院宣讀他的《音樂新符號建議書》，為此獲得一份證書。

一七四三年，盧梭當德·蒙泰古伯爵的祕書，伯爵到威尼斯當大使，他隨同前往，不到一年即與德·蒙泰古鬧翻。回到巴黎後，他獨自住在公寓，遇到了浣衣女工泰蕾茲·勒瓦瑟。

一七四五年三月，盧梭與泰蕾茲同居。期間他完成歌劇《風流詩神》。結識了狄德羅和孔狄亞克。他還把伏爾泰和拉莫合作的《拉米爾的節日》編為歌劇。

一七四六年，盧梭做了杜平夫人的祕書。在杜平的鄉間住宅中，盧梭寫了一出詩劇：《西爾維的幽徑》。他的第一個孩子出生，被他送入孤兒院。

一七四七年，盧梭的父親故世。他寫出喜劇《冒失的訂約》。

一七四九年，應達朗貝爾之約，撰寫《百科全書》中的音樂條目。他計劃參加第戎學院組織的論文競賽。

一七五〇年，第戎學院向盧梭《論科學與藝術的昌明會敦化抑或敗壞風俗》一文授獎。

一七五二年十月，盧梭的喜歌劇《鄉村先知》在楓丹白露宮法國國王路易十五前演出，獲得極大成功。國王要召見他，他卻沒有前往。

一七五四年，盧梭由泰蕾茲陪同前往日內瓦，重新皈依喀爾文教派，恢復日內瓦公民身分。同年十月，盧梭完成《論人類不平等的起源和基礎》的撰寫。

一七五六年，盧梭和泰蕾茲住進德比內夫人家的隱廬，開始寫《新愛洛伊斯》。

一七五七年，盧梭與狄德羅爭吵，後又和解。又與德比內夫人不合，十二月遷出隱廬。盧梭感到幻想失落的悲哀。愛情和友誼都把他拋棄了。他開始懷疑其中存在一個巨大的陰謀：所有的老朋友串通一氣要陷害他。他精神頹廢，放棄許多寫作計畫。但是又幻想得到權貴的保護，於是接受德·盧森堡元帥的好意，住進蒙莫朗西的蒙特盧伊花園。

一七六一年，盧梭的《朱麗》（或名《新愛洛伊斯》）在巴黎出版，獲巨大成功。

一七六二年，盧梭發表《致德·馬勒澤爾布先生的信》（二月）、《社會契約論》（四月）、《愛彌兒》（五月）。不久，《愛彌兒》一書被警察沒收，在巴黎（索爾邦）大學受到批評，遭國會查禁。盧梭風聞當局下令逮捕他，立刻逃往瑞士，到達伊韋爾東，匿身在佛德山村。這時日內瓦也查封《愛彌兒》和《社會契約論》，並也下令逮捕盧梭。盧梭只得再次逃亡，躲在屬普魯士的紐沙特公國內的莫蒂埃。

一七六四年，盧梭寫《山中書簡》。十二月日內瓦出版匿名小冊子《公民的感情》，影射盧梭遺棄自己的五個孩子，把他們送進孤兒院，促使盧梭決定寫《懺悔錄》。

一七六五年，盧梭被逐出莫蒂埃，去比安科湖中的聖彼得島，隱居兩月後逃至聖特拉斯堡，又去巴黎，後接受英國哲學家休謨邀請前往英國。沒過幾個月盧梭與休謨發生爭吵，寫小冊子相互指責，倫敦與巴黎的輿論界對這場爭吵非常關注。

一七六七年，英國國王喬治三世同意給盧梭每年一百英鎊年金。盧梭離開英國伍頓，自後行蹤不定。

一七六八年，盧梭帶了圖書和在島上採集的植物標本前往里昂，到格勒諾勃，經過香貝里，在布古萬住下，八月與泰蕾茲正式完婚。

一七七〇年，盧梭去里昂參加伏爾泰塑像揭幕典禮。回巴黎住下，這時《懺悔錄》手稿開始在密友中間傳閱。

一七七四年，盧梭跟德國音樂家格魯克來往，為《鄉村先知》重譜樂曲。

一七七六年，《對話錄：尚·雅克評論盧梭》完稿，又寫《一個孤獨散步者的遐想》第一卷。他身體衰老，生活困難，泰蕾茲也生病多時。

一七七八年七月二日，盧梭病逝，葬於楊樹島。

公元一七九四年，法國大革命五年後，盧梭遺骸遷葬於巴黎先賢祠。

上篇 論民主

　　盧梭作為資產階級啟蒙運動的代表和平民階層的代言人，其從根本上否定當時貴族統治階級的「文明」，他認為自然是美好的，出於自然的人生來就是自由平等的，因此，應該以自然的美好來代替「文明」的罪惡。盧梭倡導平等，宣揚天賦人權，其民主思想在當時以及後世都產生了巨大影響。

第一章 社會形態

　　起初人類在原始社會、生活在自然狀態之中，毫無疑問，這時他們是獨立的、自由的。但由於生存的需要，他們不得不結合起來，擁有足夠賴以生存的力量。此時他們從自然狀態進入了社會狀態。在社會狀態中，人類產生了巨大的變化，他們的本能被正義取代，他們的行為被賦予了前所未有的道德性，與此同時，人類也失去了……

論古老的社會

　　盧梭認為，家庭是最古老的自然社會。而家庭又是政治社會的原始模式。在這一模式中，父親的形象代表首領，孩子的形象則代表人民，人人生來就是平等和自由的。但事實如何呢？在政治社會中，統治的樂趣取代了統治者對人民所缺乏的那種愛……

　　毫無疑問，家庭是最古老的自然社會。

　　在家庭中，孩子只有在需要父親來保護自己的階段，才是與父親密不可分的。當這種保護的需要停止之後，孩子對父親的依附也就消失了。

　　這個時候，父親不必再照看孩子，孩子也不必再服從父親，父親和孩子都進入了獨立的狀態。

　　即使他們仍然結合在一起，他們之間的關係也已不是自然的結合，而是自願的結合，家庭本身只是靠協議來維繫。

　　之所以如此，完全是出於人類的本性。

　　簡單而言，人的第一要義在於保全自己。無論是誰，首先關心的是自己，當一個人到了懂事的年紀，當他能自己判斷什麼樣的方法適合保護自己的時候，他就成為了自己的主人。

　　故云家庭是政治社會的原始模式。

　　在這一模式中，父親的形象代表首領，孩子的形象則代表人民，人生來就是平等和自由的，人民只有在為自己的利益考慮時，才會轉讓他們的自由。

以上是家庭和社會最明顯的共同點，而家庭和社會最主要的區別在於：在家庭中，父親對於孩子的愛，是透過父親對孩子的呵護來體現的；但在國家中，統治的樂趣取代了統治者對人民所缺乏的這種父愛。

格老秀斯否認，一切人類政權都是為了人民的利益而建立的，他以奴隸制為例。想來格老秀斯的言論，對那些暴君更為有利。

如果按照格老秀斯所言，那麼人類究竟是屬於一百多個人的，還是這一百多個人是屬於人類的，就非常值得懷疑了。

在格老秀斯所寫的書中，他似乎更傾向於「人類是屬於一百多個人」的觀點。如此一來，人類好比被分為若干群的牛羊，每一群牛羊都有自己的首領，而首領之所以看護他們，是為了吃掉他們。

顯然牧人的水準要高於其羊群，首領作為人類的牧人在水準上也要高於他們的人民。據費隆所述，卡利古拉皇帝就是這樣認為的，他從這一類比中得出結論：國王是神；或者說，人民是牲畜。

由此可見，卡利古拉的推理與格老秀斯的推理不謀而合。

其實早在古希臘時期，亞里斯多德就說過人生來是不平等的，一些人生來就是統治者，而其他人生來就是被統治者。

亞里斯多德的話很有道理，但他卻把結果當成了原因。

事實上，所有生來為奴的人是為了做奴隸而生的。他們在枷鎖面前失去了一切，甚至失去了掙脫枷鎖的願望。他們已經麻木地喜歡上這種被奴役的狀態。之所以出現這樣的情況，是因為之前就有這種違背自然的情況。

毫無疑問，實力造就了最早的奴隸，奴隸的懦弱使他們永遠淪為奴隸。

論最強者的權利

盧梭對「最強者的權利」作了簡要的分析，旨在說明：強力並不構成權利，而人民只對合法的權力有服從的義務。

即使是最強者，也絕不會強大到永遠做主人，除非他們能夠將強力轉化為權利，將服從轉化為義務。

所謂「最強者的權利」，表面上看來好像是一種譏諷，但事實上，這已經成為了一種原則。

但是，直到今天還沒有人為我們解釋一下「最強者的權利」這一名詞。

在我看來，強力是一種物理力量，而強力的作用不可能產生什麼道德。向強力屈服，不是一種意志的行為，而是一種必要的行為，它最多只是一種比較明智的行為而已。

那麼從什麼意義上來說，它才能是一種義務呢？

現在姑且假設有這種所謂的「權利」，但在我看來，其結果不過是產生一種無法自圓其說的謊言而已。

因為只要是強力形成了這種權利，其結果就會隨原因而改變。

也就是說，凡是凌駕於前一種強力之上的強力，就接替了它的權利。

事實上，只要能不服從而不被懲罰，那麼人民就會合法地不再服從。最強者總是有理的，問題就只在於怎樣做才能使自己成為最強者。

然而這種隨強力的終止而消失的權利，又算是一種什麼樣的權利呢？

倘若使人服從必須使用強力，人民就無義務服從了；只要人民不再被迫服從，他們也不再有服從的義務。

由此可見「權利」一詞並沒有給強力增添任何新東西；它在這裡完全沒有任何意義。

有人說：「你應該服從權力。」倘若這表示應該向強力屈服，那麼這條誡命雖然很好，卻是多餘的。

試想我們在森林中被強盜劫持，我們把錢包交出來不僅是因為強力，而是即使我們能藏起錢包，我們在良心上也要把它交出來不是嗎？畢竟強盜拿著的槍也是一種權力啊！

就讓我們承認：強力並不構成權利，人民只對合法的權力有服從的義務。

論奴隸制

在盧梭看來，人生來就是自由的，即使是小孩子，他們的自由也只屬於他們自己，任何人（即使是他們的父親）也沒有理由轉讓他們的自由。正因為此，盧梭批判奴隸制度，認為其是不合法，而且是極其荒謬的。盧梭告訴我們，無論是誰，都沒有權利奴役他人，更沒有權利奴役一個民族……

無論是誰，對於自己的同類也不可能擁有一種天然的權威，而且強力不可能產生任何一種權利。

因此我們得出一個必然的結論：契約是人類形成一切合法權威的基礎。

如果按照格老秀斯所說，每一個人都可以轉讓出自己的自由，使自己變成他人的奴隸。那麼為什麼全體人民就不能轉讓出他們的自由，使他們臣服於某個國王呢？

這裡有一些隱晦的詞語需要解釋，如「轉讓」一詞。

所謂「轉讓」，是指賣出或送出。

倘若一個人把自己賣出去（並不是把自己送出去）而成為他人的奴隸，這樣做也許是為了生存的需要。

如果是這樣尚可以理解。但是一個民族為什麼要出賣自己呢？這樣的情況是多麼讓人費解——國王遠遠不能供應其臣民生存的需要，反而只能從臣民那裡獲取他自身生活所需要的供養。

難道臣民在獻出自己身體的同時，國王還要掠奪他們的財產嗎？那麼臣民還能擁有什麼呢？

或許有人會說：「專制君主可以為他的臣民確保國內的安寧。」

即使如此，接下來又會怎麼樣呢？

專制君主的野心所引發的戰爭、專制君主貪得無厭的欲望以及專制君主的官吏們不斷地騷擾……如果這些使人民的負擔更加沉重，他們又能做什

麼？如果人民所享受的這種安寧本身就是一種災難，他們從中又能得到什麼？

打個比方來說，地牢裡的生活同樣也很平靜，難道那就足以讓人渴望搬進去生活嗎？

如果說一個人毫無理由地將自己轉讓出去，那是令人難以置信的。倘若真的有人這麼做了，那麼他一定已經喪失了應有的理智。如果說一個民族將自己轉讓了出去，足可想像這個民族的人民一定都已經瘋掉了。

退一步來說，即使每一個人都可以轉讓自己的自由，他也不能轉讓自己孩子的自由。因為孩子生來就是自然的、獨立的人，他們生來就是自由的，他們的自由屬於他們自己，任何人（即使是他們的父親）都無權轉讓他們的自由。

事實上，如果一個人放棄了自由，那麼他也不能為人了。即是說，放棄了自由，就是放棄了自己做人的權利，甚至放棄了自己為人的義務。

這樣的放棄與人的本性是相違背的，且放棄了自己意志上的自由，也意味著取消自己行為上的道德規範。

最終我們建立起的只是一個毫無意義且自相矛盾的契約：締約的一方擁有絕對的權威，另一方只能永遠服從。

對於一個我們有權利向他榨取一切的人，我們對他並不承擔任何義務，這難道不是明擺著的事情嗎？在缺乏等價交換的情況下，這些條件本身不就蘊含著這種行為的無效性嗎？

按照上述邏輯，我的奴隸無論依據什麼權利來反對我，由於他的一切都歸我所有，他的權利自然也就是我的權利。這種「以我自己的權利來反對我自己」的話，不就是一句毫無意義的空話嗎？

格老秀斯等人指出，戰爭是這種所謂的奴隸制的另一個起源。他們宣稱：勝利者具有殺死被擊敗者的權利，但被擊敗的人可以用自己的自由為代價來

贖回自己的生命。從表面上來看，這種契約似乎要合法得多，因為它對締約雙方都是有利的。

實際上這種設想殺死被征服者的權利，絕不會是從戰爭的狀態推斷出來的。當人類生活在原始狀態的時候，他們是相互獨立的，彼此間不存在任何穩定性的關係，當然也難以構成所謂的和平狀態或戰爭狀態。

人與人之間不可能是天生的敵人。引發戰爭的原因並非人與人之間的關係，而是物與物之間的關係。

因此私人戰爭（人與人之間的戰爭）既不可能存在於自然狀態之中，也不可能存在於社會狀態之中。因為自然狀態下根本還沒有出現固定財產權，不會引起戰爭；而在社會狀態下，一切都處於法律權威之下，當然也不會引起爭執。

毫無疑問，那些個人之間的爭鬥都難以形成氣候。而那些經國王的敕令批准且以「上帝的和平」為名義的私人戰爭，也僅是封建制度的濫用職權。如果說它在過去是一種制度，那麼它本身也是一種荒謬的制度，因為這種制度不但違反了自然權利原則，更違反了一切良好政體的本義。

我們得出一個結論：戰爭絕不是一種人與人之間的關係，而是一種國家與國家之間的關係。

在戰爭中，人與人之間成為敵人是出於偶然，他們不是以自由人的身分，甚至也不是出於公民的身分，而僅僅作為士兵才成為敵人的。他們絕不是作為國家的成員成為敵人的，只是因為他們是不同國家的保衛者。本質完全不同的事物之間不存在真正的聯繫。故一個國家只能以別的國家為敵，而不能以其中的個人為敵。

宣戰不只是一個國家向另一個國家的政權宣戰，更是向另一個國家的臣民宣戰。

在戰爭中，君主可以放手安排或占有全部的公共所有物在敵人的土地上，但是他應該尊重個人的生命和個人的財產，因為他們的權利有著與自己一樣的依據。

顯然戰爭是為了摧毀敵國。戰爭中有權殺死敵國保衛者，這是出於他們手中的致命性武器。但是，只要他們投降並放下手中的武器，他們就不再是敵人，因為此時他們已經回復自然、單純的個人。更重要的是，任何人都沒有殺死他們的權利。

除了最強者的理論之外，征服的權利就沒有其他基礎了。如果戰爭本來就沒有賦予那些征服者相應的權利，讓他們去殺戮被征服地區的人民，那麼他們奴役被征服者的權利的基礎，也必然是不存在的。

奴役敵人的權利絕不是源自殺死敵人的權利。讓人以出賣自己的自由為代價，贖回任何人也沒有權利處置的生命，這本身就是一場不公平的交易。

根據奴役的權利來確定生與死的權利，又根據生與死的權利來確定奴役的權利，顯然是陷入一個惡性循環之中。

總之，從各種意義上來說，任何人都沒有理由奴役他人。這不僅是因為它不合法，還因為它非常荒誕。

「奴隸」和「權利」兩個詞是互相矛盾的，彼此之間又是互相排斥的。如果一個人對另一個人說：「我和你訂立一個契約，責任負擔完全歸你，而利益完全歸我。只要我喜歡，我就守約；只要我高興，你也必須守約。」這顯然是荒唐的。同理，如果一個人對全體人民說了這樣的話，也是十分可笑的。

論最初的約定

盧梭的話語處處透著智慧，他的民主思想迎面撲來、躍然紙上，即便在現今，仍能讓人深受啟迪，感悟頗多。

現在，即使我對之前反駁的觀點予以肯定，我想專制主義擁護者的處境也不會因此得到改善。

事實上，征服一群人和治理一個社會，這兩者之間存在著巨大的差異。

如果一個人征服了很多獨立的個人，無論這些人的數量多麼龐大，這個人和他所奴役的人根本不可能是人民和統治者的關係，而僅僅是主人和奴隸的關係。

他們或許能聚集在一起構成一群人，但他們絕不是一個人民的聯合體，因為他們之間既不是一個政治團體，也沒有什麼共同的利益。

即使這個人奴役了再多的人，他也仍然是一個單獨的個人，他的利益僅僅是他自己的利益，而不是他所奴役的人的利益。

毫無疑問，這個人過世之後，他所留下來的帝國將會因為缺乏聯合體的聯繫性而瓦解。

格老秀斯曾經說：「人民可以把他自己送給一位國王。」

根據格老秀斯的觀點，人民在把他們自己當作禮物送給國王之前就已經是人民了。這種贈送的行為本身就是政治的行為，他假定這經過了公眾的深思熟慮。

因此，我們在考察人民使自己服從於一位君主的行為之前，應該仔細考察人民是透過什麼行為使自己成為人民的，這種成為人民先於服從於君主的行為才是社會真正的基礎。

事實上，如果沒有事先約定的話，除非這種選舉是全體一致同意的，否則憑什麼要那些少數人來接受多數人的決定呢？一百個想要主人的人有什麼權利代表那十個不想要主人的人來投票呢？少數服從多數的規則本身就依賴於一項契約，它意味著在某種場合下曾經有過全體一致的同意。

論社會契約

「社會契約論」是西方十七、十八世紀資產階級用以反對封建「君權神授」理論、爭取平等自由的政治地位的思想武器，在此前提下，西方資本主義及其各項相應的制度才得以充分發展，因此社會契約理論不僅是資產階級、民主共和國家在政治上與法律上獲得正當化的基礎，同時亦為資產階級國家以平等、自由為核心理念的法律制度得以確立並發達的先導。盧梭是探討社

會契約論的先行者，處在革命時代的各國資產階級都曾把他的相關理論當作福音，並在革命勝利之後參照其確立了國家的政治、法律制度。

在我看來，在自然狀態下，危及人類生存的阻力比人類為維持生存而做的努力更加厲害。

在這種原始的自然狀態下，人類無法繼續生存，他們必須改變自己的生存方式，否則將走向滅亡。

但是人類不能創造出新的力量，只能結合原有的力量，所以他們必須結合成足以克服阻力的力量，發動唯一的原動力，而使動作一致。

這種力量的結合需要許多人在一起才能辦得到。

既然人的力量和自由是其賴以生存的工具，那麼人應該如何將它們提供出來、又不忽略對自己的關心呢？

換言之，我們應該如何找出一種結合方式，能透過社會全力保護每個分子的生命財產，分子可以一方面與全體結合，一方面可以只服從他自己並和從前一樣自由？這是社會契約所要解決的根本問題。

社會契約中的各項條款由該訂約行為的性質所決定，稍加修改便會失效。那些條款雖從未正式發表，但它們是天下一樣、各處都加以默許的。一旦破壞了社會契約，分子便會回復他原來的權利和自然的自由，原先透過拋棄自然的自由而得到的社會契約上的自由則消失。

那些條款正確解釋起來，可歸納為一條：每個分子連同他的權利都完全讓予整個社會。

其一，因為每個分子都把自己完全讓予社會，則大家的條件都相同；因為大家的條件都相同，所以無人能定出條件以損人利己。

其二，該讓予是沒有保留的，結合是盡可能的完善，沒有一個人會再要求什麼。個人若還保留什麼權利，因沒有共同的標準判斷他們和公眾的關係，每個人在某些事情上是由他自己判斷，而他很快又要一切都由他自己判斷，如此一來，自然的狀態仍存留，而該項結合將成為專制或無效的。

總之，每個人把自己讓予公共，就不是把自己讓予什麼人了；他對於每個分子，都可取得相同於他自己許給他人的權利，故他獲得的相當於他所喪失的一切，並獲得更多的力量，以保護他所有的一切。

由此可見，若我們刪去了那些不是社會契約要素的各點，我們會發現社會契約可簡述為：每個人都把自身和一切權力交給公共，受公意的最高指揮，每個分子都是全體不可分割的一部分。

這種訂約的行為即把訂約的個體結合成一種精神的集體。這集體是由所有到會並具有發言權的分子組成的，且獲得統一性、共同性，以及其生命和意志。這種集體，在古代稱為城邦，現代稱為共和國或政治社會。

這種共和國或政治社會，又由它的分子加以種種的稱號：從其被動方面稱之為「國家」；從其主動方面稱之為「主權」；和類似的團體比較時，又稱之為列強的「強」。

至於結合的分子，集合來說稱為「人民」；個別來說就是「主權者」，稱為「公民」；作為國家法律的服從者，稱為「國民」或臣民。

論主權體

盧梭指出，由於個體的結合形成了全體，而全體和個體之間存在著一種相互的約定。但在現實生活中，個體利益可能與共同利益背道同馳，或個體只想享有公民的權利而不願盡公民的義務，因此我們需要一個約定：不論是誰，如果他拒絕服從普遍意志，整個實體將強迫他服從。

至此我們發現，這一約定包含著一種全體和個體之間的相互約定。

可以說，每個人其實是在與他自己簽訂契約，他受到雙重關係的制約——在主權面前，他是國家的一分子；在個人面前，他是主權體的一分子。

但是這裡不能應用「任何人都無須遵守他與自己所訂立的約定」這一民法準則，因為自己向所屬的整體承擔義務，這與自己向自己承擔義務是有很大區別的。

此外，我們還必須注意，由於每個人都要被置於兩種不同的關係中加以考慮，公共決議儘管可以使所有臣民對主權體承擔義務，卻不能以相反的理由使主權體對其自身承擔義務，如果主權體對自己套上一種不能違犯的法律，那將有違政治實體的本質。

因為主權體只在唯一的——並且是同一種——關係之下考慮自己，其就像一個與自身訂約的個人。

由此可見，對於人民這一實體來說，既沒有也不可能有任何強制性的基本法，甚至社會契約也不是。這並非意味該實體在不違反這一契約的前提下不能與他人訂約，因為它對外就變成了一個單一的存在、一個個體。

然而，政治實體或主權體的存在是以契約的神聖性為前提的，即使是對外，它也永遠不能作出違反原始約定的事情，如把自己的一部分轉讓出去，或使自己服從於另一個主權體，破壞了它所賴以存在的約定，等於自行消失，本身不存在的東西不會產出任何東西。

一旦眾人結成了一個實體，別人冒犯其中一個成員就等於進攻整個實體，而冒犯實體就更使其成員感到切膚之痛。因此，義務和利益使訂約雙方相互幫助，這些人應當設法把取決於此的所有好處都集中在這種雙重關係之下。

然而，由於主權體只是由主權體的個人組成，所以它沒有、也不能有與他們利益相反的利益，因此，主權權力不需要對臣民作出任何保證，因為該實體不可能故意損害全體成員的利益。

但是，臣民對於主權體來說就不是這樣了，儘管有著共同的利益，如果主權體無法使其臣民確保忠誠，它就無法保證臣民履行他們的約定。

事實上，作為人來說，每一個人都可以有與他作為公民的普遍意志相反或不同的個別意志。他的個人利益所授意他的可能與共同利益完全背道同馳，他的絕對的、與生俱來的、獨立的存在可能使他對共同事業應盡的義務視為一種無償的貢獻，不做貢獻對他人也沒什麼損害，而做貢獻對自己反而帶來負擔；由於個人把構成國家的這一法人看做一個理性的存在，所以他只想享

有公民的權利而不願盡臣民的義務。這種不公、任其發展將導致政治實體的垮台。

為了使社會契約不至於淪為空洞的教條，它應暗含著這一約定，只有該約定才能賦予其他約定力量：不論是誰，如果他拒絕服從普遍意志，整個實體將強迫他服從。

之所以這樣做，其實是為了維持他的自由，因為這個條件在將公民奉獻給國家的同時，也確保他不再依附於任何個人，該條件成為政治機器的機關和奧妙所在，只有它才能使社會約定合法化。反之，如果沒有這一條件，社會約定將是荒謬的、暴戾的，容易發生最大的濫用。

論社會狀態

由自然狀態進入了社會狀態，人類產生了巨大的變化，在他們的行為中，本能被正義取代，他們的行為被賦予了前所未有的道德性。有得必有失，人類在得到的同時，也失去了一些東西……

人類從自然狀態進入社會狀態時，產生了巨大的變化，在他們的行為中，本能被正義取代，他們的行為被賦予了前所未有的道德性。

事實上，只有生理的衝動被義務的呼聲取代、嗜欲被權利代替、自然狀態中只知道關愛自己的人類，才意識得到自己不得不按照其他原則行事，換句話說，在按照自己欲望行事之前，要先聽從自己的理性。

在社會狀態中，雖然人類被剝奪了他們從自然得來的許多便利，但他們卻得到了許多新的、巨大的收穫──他們的能力得到了鍛鍊和發展，他們的思維開闊了，他們的情感高尚了──可以說，他們從一個愚昧的、局限的動物，一躍成一個有智慧的生物。

那麼人類到底失去了什麼，同時又得到了什麼呢？

人類因社會契約喪失了天然的自由，以及對於他企圖的、和能得到一切東西的那種無限的權利。

人類因社會契約獲得了社會的自由，以及他所享有的一切東西的所有權。

為使我們能在權衡得失時不至於發生錯誤，我們必須區別以下幾點：

其一，區別僅以個人的力量為其界限的自然的自由，和被公意所約束著的社會的自由。

其二，區別僅因強力的結果或最先占有權而形成的享有權，和只能根據正式權利而奠定的所有權。

除此之外，我們還必須清楚人類在社會狀態中所擁有的道德的自由。實際上，唯有道德的自由才能使人類真正成為自己的主人。僅擁有欲望的衝動是奴隸狀態；唯有服從人類自己為自己所規定的法律才是自由。

論財產

盧梭認為，在社會形態中，個人要將自己的財產奉獻給社會，財產的性質並不會因而改變。在這一過程中，個人並沒有失去什麼，與此相反，得到了社會對其財產的承認，以及其他社會成員對其財產的肯定。如此一來，個人所擁有的財產就是合法的，是受到全社會保護的。

在社會政體形成之前，每個成員把自己及自己所擁有的一切交給了社會。

事實上，這一交予的過程並不會因為財產的交予而改變財產的性質。

公共財產無疑比個人財產強大，就好像國家力量遠遠大於個體力量一樣。

國家對於其公民，透過社會契約的方式，對公民的個人財產權有著完全的控制，從而在國家內部形成公民權利的基礎。而在國家之間，財產權仍然依照先占先有的原則，這與獨立個體的先占權是對等的。

相對於強權占有而言，先占先有的原則更為真實，但這種占有並不構成真正的權利——除非確立私有財產權。

事實上，每個人都擁有對其所必須的東西占有的天然權利，但只有在法律承認的情況下，他才能真正成為其財產的擁有者。當然其所擁有的財產也是有限制的，至少不能侵犯公共財產。

由上述可見，自然狀態脆弱的先占權在社會狀態中得到了完全的尊重。這種對私有財產的尊重，與其說是對他人財產的尊重，不如說是對不屬於我們的財產的尊重。

簡言之，對土地先占先有的授權，必須有下列條件：

其一，土地從未被任何人居住。

其二，土地的占有必須是為了他的生存。

其三，土地的占有不能是空洞的儀式，必須透過勞動開墾。

需要和開墾迫使先占先有權讓步，我們是否走到了極限？這樣的權利是否可以不受任何限制？是否一個人只要踏上了這片土地，就可以宣告擁有這片土地？如果一個人有能力驅逐他人而占有這片土地，是否他有權讓他人永遠不再回來？當一個人或一個民族強占了大片領土，不讓他人涉足，難道不是應該懲罰的罪惡嗎？因為這個人或這一民族剝奪了自然賦予人類共同居住和食物的資源。

當巴爾柏（西班牙探險家）站在海岸上，以卡斯提爾王室的名義宣告擁有太平洋和整個南美洲的時候，難道他就真的憑此剝奪了居民所有的一切，並讓其他君主望而止步嗎？如若這樣的方法被無限制地重複下去，該是何等可笑！

我們很容易理解，個人所擁有的土地是如何結合成公共土地的，也很容易理解，公民所占有的土地的所有權是何時開始生效的。這使得所有人對國家更加依賴，他們的財產就是他們忠誠的保證。

有意思的是，當個人將他的財產交予社會的時候，社會並沒有剝奪他的財產，相反地，社會賦予他合法的所有權，從而使占有變成了真正的權利。

如此一來，他被視為公共財產的監護者，他的權利也為其他國人所尊重，面對外國力量，他受到國人一致的保護。

這種財產的轉移不僅對公眾有利，而且對個人更為有利。

也就是說，個人拿回了他所奉獻的一切。

此外還有一種可能，就是當社會形成時，個人並沒有任何財產，在他們占有足以維生的大片土地後，或一起公用，或將其分割……無論如何進行分配，個人對土地的權利要永遠從屬於社會對土地的權利，否則社會的紐帶和主權的實施將不會有力量和權威。

第二章　主權與公意

所謂「主權」，是指公意的運用，主權是不可轉讓和分割的。所謂「公意」，是指公共的意志，公意永遠是公正的。盧梭無疑是民主政治的先驅，在他的民主哲學中，處處透著「破除」與「創新」的智慧，閃現著「自由」與「平等」的光芒。

論主權

在盧梭看來，主權是公意的運用。盧梭認為主權具有兩個顯著的特點：主權是不可轉讓的，主權是不可分割的。

唯有公意才能夠按照國家建立的目的來指導國家的各種力量。如果說社會的建立成為必要是因個別利益的對立，那麼社會的建立成為可能則是因為這些個別利益的一致。

也就是說，正是這些不同利益的共同點形成了社會的聯繫；如果所有這些利益彼此不具有某些共同點的話，就沒有任何社會可以存在了。

因此治理社會應當完全根據這種共同利益。

在此必須說明：既然主權不外是公意的運用，那麼主權就應該具有以下特點：

（一）主權是不可轉讓的

主權永遠不可轉讓。主權者只不過是一個集體的生命，只能由他自己來代表自己。

實際上，即使個別意志與公意在某些點上相互一致也是可能的，但這種一致不可能持久，因為公意總是傾向於平等，而個別意志總是傾向於偏私。

如果想要個別意志與公意始終保持一致，那就更加不可能了。如果現實中有這種情況存在，那不過是機遇的結果，而不可能是人為的結果。

主權者可以說：「我的意圖的確就是某人的意圖，或者至少也是他自稱所意圖的東西。」

但是主權者不能說：「這個人明天所意圖的東西，也是我所意圖的。」

因為意志使自身受未來的束縛，故上面這句話顯得非常荒謬。同時，也不能任由別的意志來許諾任何違反原意圖者自身幸福的事情。

如果人民只是唯唯諾諾地服從，人民本身就會因這一行為而解體，喪失身為人民的品質；一旦出現一個主人，主權者不復存在，政治體也就此宣告毀滅。

（二）主權是不可分割的

主權永遠不可分割。因為主權是意志的體現與執行，而意志或許是公意，或許不是。或許是全體人民的意志，或許只是一部分人的意志。

如果它是全體人民的意志，這種意志一經宣告，就已經成為一種主權者的行為了，同時也構成了法律。

如果它只是一部分人的意志，那麼它就僅僅是一種特殊意志，或是一種地方的行政行為，最多也不過是一道行政命令而已。

然而，政治理論家雖不能從原則上把主權區分開來，卻從對象上把主權進行了拆分。他們把主權分為立法權與行政權，又分為稅收權、司法權與戰爭權，還分為內政權與外交權。他們時而將它們區分加以利用，時而又將它們混為一談。

比方說，主權者是他們用幾個人的肢體拼湊成的一個人，其中有一個人的眼睛、一個人的手臂、另一個人的腳，而拼湊起來的這個人顯得非常彆扭，因為其肢體來源於不同的人，顯得非常不協調。

事實上，我們所犯的錯誤，可歸結為缺乏一種關於主權權威的準確概念，也可歸結為把僅僅從主權權威中流溢出來的部分誤以為是主權權威的主體構成部分。

比如人民把發動戰爭或和親的行為看作是主權者的行為。事實上我們並不能這樣解釋，說到底，這些行為並不構成法律，而只是法律的應用。因此它們只是一種決定法律如何運用的特殊行為而已。

如果以同樣的方式考察其他分類的話，我們就會發現：無論什麼時候，當人民認為主權好像是分立的，那僅僅是一種幻覺而已。被人當作是主權各個組成部分的那些權利，不過是從屬於主權罷了，它們永遠要以公共意志為前提。那些權利只是最高意志的執行罷了。

論公意

所謂「公意」，是指公共的意志。公意永遠是公正的。但人民常常會把「公意」與「全體的意志」相混淆，事實上，兩者有著很大的區別：前者只考慮公共的利益，而後者則顧及私人的利益，不過是個別意志的總和而已。

我們知道公意永遠是公正的，而且是全體人民的公共利益。

但是我們不能因此說「人民的意志同樣始終是正確的」。

事實上，人民雖不會「腐化」，但人民容易「受騙」，當人民受騙的時候，他們的意志就是不正確的了。

公意與全體的意志有著很大的區別，前者只考慮公共的利益，而後者顧及私人的利益，不過是個別意志的總和而已。

如果人民進行決議，而在決議前具有充分的智慧，卻又沒有把意見互相交換，就可能出現這樣的情況——以互相一致的、占大多數的個別意志來代表公共意志——那這種決議終究是妥當的。

但假設出現了營私的黨派，要犧牲公共的利益，則每個黨派的意志對於其成員而言是公共的，對於國家而言則是個別的了。

這個時候我們可以說，不再是有這麼多的人，便有這麼多的投票者，而是有這麼多的黨派，便有這麼多的投票者了。

此時個人的個別意志愈少，表示其結果愈不是公共的了。

最後的結果是這些黨派中出現了一黨，它的勢力大到足以勝過其他黨派，結果的互相一致將不再是個人個別意志的總和，而是黨派的單獨意志。

那麼便不復有公共的意志，占優勢的意見只是個別的意見。

所以要讓公共意志能表示出來，必須要國家之內沒有營私的黨派，每個公民應只依其個人的思想去表示自己的意見。

如果有了黨派，那麼這些組織愈多愈好，以防止它們之間的不平等。

總之，有了以上這些預防，才能保證公共意志始終開明，保證人民不致自欺。

論權力的界限

盧梭告訴我們，社會契約讓公民在履行義務的同時還享有權利。儘管這種權力是一種十分絕對、十分神聖、不可侵犯的權力，但它並不超越、也不能超越普遍協議的界限，任何人都可以充分地支配這些協議所規定給他的財產和自由，以至於主權體永遠無權給某個公民施加比另一公民更多的負擔，那樣的話就變成個別事件了，超越了主權體的權限。

如果一個國家只是一個法人，其生命力在於其成員的聯合。

如果一個國家最關心的是其自身的安危，這個國家就需要一種全體的、強制的力量來調動和支配每個部分，使它們以最佳狀態服務於整體。

如同自然賦予每個人對其肢體所擁有的絕對權威，社會契約也賦予政治團體擁有對其每一個成員的絕對權力。

然而除了國家之外，我們還要探討組成國家的個人，他們的自由及生命自然地獨立於國家，這就需要將公民和主權體明確區分，將公民所要履行的義務以及公民所應享有的權利區分清楚。

每個人透過社會契約所轉讓的權利、財產和自由，不過是其全部權利、財產和自由的一部分，這部分的用途對於共同體來說至關重要，但這種重要性只有主權體才能判定。

一旦主權體提出要求，公民就應當向國家提供他能提供的所有服務。但是公民不能對國家施加任何束縛，甚至不能有這種想法。

　　社會團體對每個成員的約束力之所以是強制性的，只因為它們是相互的。它們具有這樣的性質，即在履行這些約束時，每個人在為別人工作的同時也是在為自己工作。

　　試想，倘若不是因為人在為所有的人投票時想著的是自己，為什麼普遍意志總是正確的？為什麼所有的人希望重視他們之中每個人的幸福？

　　這也就證明，權利的平等以及其所產生的公義概念源自每個人對自己的優先考慮，因此是源自人性。

　　這也證明，普遍意志要做到實至名歸，就應當在其目的上和本質上都是普遍意志，它應當適用於所有的人，當它傾向於某種特定的個人目的時，就失去了它自然的公正性。

　　實際上，當涉及某種個別的事實或權利時，倘若某一點沒有為先前的全體協議所規定，那麼爭議就會因此產生。

　　在這場爭訟中，公眾為一方，而當事的個人為另一方，但我們既看不到必須遵從的法律，也看不到應當作出裁決的法官。

　　這個時候讓普遍意志作出明確的決斷顯得非常可笑，因為這樣的決斷只能是某一方的結論，而對於另一方來說只是一種無關的、個別的意志，在這種情況下它既不公正又容易犯錯誤。

　　這就好像一種個別意志不能代表普遍意志一樣，普遍意志如果有了某種個別目的，其性質也就發生了改變，它也就不能以普遍的名義對人與事作出裁決。

　　在此我們應該認識到：使意志具有普遍性的不是票數，而是贏得這些票數的共同利益。因為在這種制度下，每個人都要服從它強加給別人的條件，這是利益和公義的完美統一，它使那些共同討論具有公平的特點。

　　在討論個別事情時，則因為沒有一種將法官的規則和當事方的規則結合並統一的共同利益，這種公平性便不復存在。

無論從哪個角度，我們都將得出這樣的結論：社會契約在公民之間建立起一種平等，公民受到同樣條件的約束，並且享受同樣的權利。

　　因此從契約的性質來看，一切主權約定，即一切真正的普遍意志約定都平等地約束或惠及所有公民，以至於主權體只認國家這一實體，而不區分組成國家的任何個人。

　　確切來說什麼是主權約定呢？

　　它不是一種上下級之間的協議，而是實體與其每個成員之間的協議。

　　它是一種合法的協議，因為它的基礎是社會契約。

　　它是一種公平的協議，因為它對所有人都一視同仁。

　　它是一種有用的協議，因為它只以全民的福祉為己任。

　　它是一種牢固的協議，因為它以公共力量和至高權力為保證。

　　只要公民服從這樣的協議，他們就不是在服從任何人，而是服從他們自己的意志。由此可見，儘管主權權力是一種十分絕對、十分神聖、不可侵犯的權力，但它並不能超越普遍協議的界限，任何人都可以充分地支配這些協議所規定給他的財產和自由，以至於主權體永遠無權給某個公民施加比另一公民多的負擔，那樣的話，就變成超越主權體權限的個別事件了。

　　事實上，這些區分一旦被認定，在社會契約中個人會有真正所失的說法就不能成立了；社會契約的確使得個人境況好於從前，人民沒有出讓什麼，只是做了一樁於已有利的交換，用一種不確定、不穩定的境況換來了一種更好、更可靠的境況，用自然的獨立換來了自由，用損害他人的權利換來了自身的安寧，用他們有可能被別人戰勝的力量換來了社會聯合所帶來的不可戰勝的權利。

　　總之，兩相比較，我們並沒有失去什麼，反而有所得。

論生死權

在社會契約中，當一個人的生命不再是大自然的恩賜，而是從國家那裡收到的一份有條件的禮物。當國家需要他作出犧牲時，他應該毫不猶豫的作出犧牲。當一個人因犯罪而被判處死刑時，他就已經不再是國家的公民，而是國家的叛亂者、國家的敵人，對敵人宣判死刑是合法的。

也許有人會問：「既然個人沒有處置自己生命的權利，那麼個人又怎麼可能將一種自己所沒有的權利轉讓給主權者呢？」

這個問題很難回答，之所以難以回答，是因為這個問題的問法不對。

任何人都有為了保護自己生命而冒生命危險的權利。難道有這樣一種說法，一個人為了從火災中逃生而從窗戶中跳出來，是犯了自殺罪的嗎？

事實上，社會契約的目標就是保護締結條約者。

一個人要想達到某種目的，必須運用某些手段和進行某些冒險，而有些手段和犧牲是分不開的。

無論是誰，如果想要以別人的生命為代價來保護自己的生命，那麼在必要的時候他也必須為別人的生命而獻出自己的生命。

身為公民，沒有人可以對法律要求對他所冒的危險做出決斷，而當君主對他說：「如果你犧牲，那麼就會對整個國家有利！」

那麼他就應該毫不猶豫地去犧牲，因為正是由於這個條件他才一直生活在安定之中，也因為他的生命不再是大自然的恩賜，而是他從國家那裡收到的一份有條件的禮物。

關於對犯罪者實施死刑，我們可以用同樣的方式來考察。

事實上，正是為了防止自己成為犯罪者的犧牲品，人民才同意如果自己成了殺人犯，自己就得被實施死刑。

在社會契約中，人民所想的只是保全自己的生命，而非為了結束自己的生命。

除此之外，任何人做了壞事都觸犯了社會法律，任何人都會由於這種行為而成為國家的叛亂者。

正因為他破壞了國家的法律，使得他不再是國家的一員。實際上，他發動了反對國家的戰爭。

在這種情形下，國家的生存和他的生存就不能相容，其中一方必須毀滅。

如果這個叛亂者被判處死刑，他就是以一個敵人而非公民的身分被這樣做的。

必須指明，這樣的敵人是一個真實的人，而不是一個虛構的人。所以戰爭的權利使得殺死他是合法的行為。

說到這裡，也許有人會發出這樣的疑問：「給一個犯罪者定罪不就是一種個別的行為嗎？」

事實的確如此，由此我們可以得出這樣的結論：這樣的一種職責並不屬於主權者，給罪犯定罪是主權者可以授予但它自己不能親自執行的權利。

毋庸置疑，無論在什麼情況下，頻繁的懲罰都是政府軟弱無力的標誌。

事實上，任何人都不會壞到我們在所有事情上都無法對他行善。如果某個人存在於這個世界上並不會對社會造成危害，他就不應該被判處死刑。

至於那些對犯罪者加以寬恕或赦免的權利，則僅屬於超越於法官和法律之上的統一體，即主權者。

但是這種權利並不十分明確，它也必須很少被行使。

實際上，在一個治理得很好的國家中，處罰是很少的，這不是因為赦免很多，而是因為犯罪的人很少；而在一個腐朽的國家中，大量犯罪的出現則使得犯罪不再受到懲罰。

而頻繁的赦免則意味著犯罪行為不久後將不再需要赦免。那將導致什麼？我們都心知肚明。

到此，我將停住我手中的筆，將這些問題的探討留給那些從不會犯錯、從不需要被赦免的正直的人！

論法律

在本書中，盧梭對法律進行了分類，共分為四類：政治法、民法、刑法、風尚及習俗，雖然探討並不詳細和全面，但盧梭的睿智可窺一斑。

為了以美好的形式賦予公共事物——或者為了更好地規劃公共秩序，我們要考慮各種不同的關係。

（一）政治法

首先，我們要考慮整個共同體對其自身所起的作用，也就是全體對全體的比率，或者主權者對國家的比率。

規定這種比率的法律就叫做政治法。

倘若這種法律是明智的，我們可以稱之為根本法。

如果一個國家只能有一種規劃秩序的好方法，人民發現它以後就應該堅持它。

但是，如果已經確立的秩序非常壞，那麼人民為什麼要採用這種足以妨礙他們美好生活的法律來作為根本法呢？

無論什麼情況，人民永遠是可以作主改變自己法律的，哪怕是最好的法律—人民若是喜歡自己損害自己，誰又有權禁止他們這樣做呢？

（二）民法

第二種關係就是成員之間的關係，以及成員對整個共同體的關係。

這一比率，就前者而言應該是盡可能地小，而就後者而言又應該是盡可能地大，以便使每個公民對於其他公民都處於完全獨立的地位，而對於國家則處於極其依附的地位。

這永遠是由一種方法來實現的，因為唯有透過國家的強力，才能使得它的成員自由。

從這第二種比率裡，就產生了民法。

（三）刑法

我們可以考慮到個人與法律之間有第三種關係，即不服從與懲罰的關係。

這一關係就形成了刑法的確立。

從根本上來看，與其說刑法是一種特別的法律，倒不如說是對其他法律的裁定。

（四）風尚、習俗

除了以上三種法律之外，還有另一種，而且是非常重要的。

這種法律既不是銘刻在大理石上，也不是銘刻在銅表上，而是銘刻在公民的心裡。

它形成了國家的真正憲法。

它每天都在獲得新的力量。

當其他的法律衰老或消亡時，它可以復活或代替那些法律，它可以保持一個民族的創新精神，以習慣的力量取代權威的力量。

這種法律就是風尚、習俗，尤其是輿論。

在以上這些不同的種類之中，只有構成政府形式的政治法才與我所討論的主題有關。

論立法者

盧梭認為，立法是一項充滿智慧、偉大的事業。他做了一個有趣的比喻：立法者就好像是一個發明了機器的工程師，而國君只不過是一個安裝了機器並使之運轉起來的工匠而已。為了使法律公正，代表全體人民的利益，盧梭指出，立法不應該是掌權者的事情，這一事業應該屬於人民。

　　尋找最適合國民的社會規則是我們的目標，為此我們必須擁有一種對人類的全部感情負有義務、且不受這些感情左右的智慧。

　　這種智慧與人類的天性無關，但又能夠完全洞察人類的天性。

　　這種智慧與人類的幸福無關，但卻非常願意與人類一起關注幸福。

　　如此看來，或許我們只能夠求助神明來為人類立法了。

　　事實上，一個偉大的國君非常少見，一個偉大的立法者更是難找。因為國君只不過是按照立法者所規定的模式來做事情。

　　打個比方來說，立法者就好像是一個發明了機器的工程師，而國君只不過是一個安裝了機器並使之運轉起來的工匠而已。

　　在我看來，敢於創建國家制度的人，應該認為自己有把握改變人的本質。

　　也就是說，一個創制者能夠把一個自然的人轉化為一個更大的共同體的一部分。

　　在自然狀態下，每個人雖然本身都是完整的，但卻是孤獨的、無助的。但在社會狀態下，在進入共同體之後，這個整體中的每個人就可以以一定的方式來獲取自己的生命和自由。他們不單改變了自身的程度，還加以強化和提高。他們從原先自然賦予的生理上的獨立個體，變成了屬於全體一部分的道德個體。

　　這種人在被賦予新的力量的同時，就被剝奪或減弱了本身固有的力量。他們被賦予的力量與他們固有的本性不同，若沒有其他人的幫助，這種力量就無法運用。

　　如果其天然的力量被剝奪的愈多，他們所獲得的來自共同體的力量就愈大，這種力量也更能維持，新的制度就更加穩定、完美。

　　可以說，每一個公民若無他人的幫助，他就什麼也不是。

　　如果整體獲得的力量等於或大於全體個人的天然力量的總和，那麼立法就達到了它最完美的高度。

無論從哪個方面來說，立法者在國家中都處於一種特別的地位。

倘若我們說，他這樣做是因為他是一個天才，那麼這同樣也是他的職責所在，這一職責既不是來自於行政，也不是來自於主權。

可以說，這一職責締造了共和國，但又不存在於共和國的組織之內。

這一職責是一種不可分割的超然的功能，但與人類的最高統治權沒有任何關係。

如果說那些對人發號施令的人不應該對法律也發號施令，那麼對法律發號施令的人就更不應該對人也發號施令了，否則法律將成為他感情的執行者。

來古格士就是在退位之後，才開始為國家立法的。

而委託外邦來為自己立法，是許多古希臘城邦都有的習慣，這樣做的效果也不錯。

我們知道，在古羅馬達到繁榮顛峰的時候，也就是古羅馬暴政的種種罪惡復活的時候，這種復活將繁榮的古羅馬帶到了毀滅的邊緣，而其真正的原因就在於——立法權威與主權權力都掌握在了同樣的人的手中。

但是，十人會議從來不要求這樣的權利。換言之，他們從來不在他們自身權威的基礎上通過任何法律。他們高聲對人民說：「我們所建議的任何事情，只要得不到你們的同意，就絕不能成為法律。古羅馬的人啊！請你們自己制定能夠讓你們幸福的法律吧！」

因此那些制定法律的人，不應該具有任何可以用來立法的權力，而對廣大人民來說，即使他們自己願意，也不能剝奪他們立法的權利。

事實上，唯有公意才能約束個人，但在現實中根本無法保證那些特殊意志是否符合公意，倘若這個特殊意志是透過人民的自由投票所通過的，那麼它就不是特殊意志，而是公意了。

下面我們說一說實際的立法工作。

在實際的立法工作中，人民發現了兩種看起來不相容的東西：

其一，這項事業人類難以企及，而在執行方面又是一種沒有權威的權威。

其二，智者們如果想用自己的語言來向普通民眾說話，普通民眾就不可能會理解他們。

事實的確如此，有許多觀念是沒有辦法翻譯成通俗的語言的。概括性太強的概念，遠遠超出了個人理解的能力。

而人民所關心的是與自己特殊利益有關的政府計畫，對於其他政府計畫沒有任何興趣。

此外，人民很難認識到，自己可以從不斷剝奪他們自由的法律之中得到什麼好處。

為了使人民認識到良好法律所帶來的好處，並遵循權力的根本法則，我們必須本末倒置才行。

也就是說，社會精神原本應該是制度的產物，現在不得不讓其反過來為其基礎制度服務。而且在制定法律的工作完成之前，人民就必須先成為法律將要塑造他們形成的那種樣子。

對於立法者而言，他既不能使用暴力，也不能透過使用推理來讓人民聽從。此時他就需要藉助於另外一種權威——即求助於上帝的干預。

立法者託之於諸神之口，目的就是要用神的權威來約束那些目光短淺的人。

但是，並不是任何人都可以成為神的代言人，也不是當其自稱是神的代言人時，人民就會毫不置疑地相信。唯有立法者的偉大靈魂，才足以證明其使命是令人誠服的。

任何人都可以刻石立碑，或收買神的啟示，或訓練一隻小鳥與他耳語一番，甚至可以在其身邊聚集一群莽漢，但他不可能因而建立一個國家。徒勞的伎倆只能是曇花一現，只有真正的智慧才能使其永恆於世。

那些至今仍然存在的猶太法律，那些千百年來統治著地球一半世界的以實瑪利子孫的法律，直到今天還在顯示著立法者的智慧。

事實上，當不明是非的人將這些人視為僥倖的江湖騙子時，真正的政治學家會由衷地發出讚賞——他們這些立法者才是千百年來真正的天才！

論人民

盧梭告訴我們，立法者不只要考慮制定的法律是否良好，而且要調查這些法律是否適合人民。事實上，盧梭在此探討的遠不止這一些，他還探討了什麼樣的民族才適合接受法律？為什麼很少有體制良好的國家存在？

一位建築師在建築一座大廈之前，要先測量和判斷地基能否承受得起建築物的重量。

立法者也要做同樣的工作，他們不只要考慮制定的法律是否良好，而且要調查這些法律是否適合人民，只有人民才有權決定是否接受這些法律。

縱觀歷史，我們可以看到有許多民族從來就不能忍受良好的法律，即使是那些能夠忍受良好法律的民族，也只在一個極短暫的時期內遵守法律。

事實上，大多數民族猶如大多數人，青春期時接受新事物的能力強，等到他們年紀漸長，就變得無可救藥了。

一旦風俗得以確立，一旦偏見根深蒂固，若再試圖革新就是一件危險又徒勞無功的事情了。

每一個民族都有一個青春期，或者說——都有一個成熟期，在成熟期未到之前，很難使他們服從法律。

但是一個民族的成熟往往不容易被認識到，若過早地考慮這個成熟期，那必然是徒勞。

事實上，有些民族歷經千年也不能遵守法律，而有些民族一開始就能受紀律的約束。

這就如同大自然給一個發育正常的人的身高設定了一個界限，如果超過了這個界限他就會成為一個巨人或侏儒。

與一個國家最合適的體制密切相關，國家的幅員存在著一個界限，太大便不能妥善治理；太小則無法保全自己。

換言之，國家擴張有其理由，而收縮同樣有其道理。如若能在擴張和收縮之間找到一個平衡點，使之最能有益於國家保全自己，那將是政治智慧中極為重要的一面。

一般而言，擴張的理由是外在的、相對的，而收縮的理由則是內在的、絕對的，所以擴張的理由比收縮的理由具有較少的強制性。

尋求一種強大而健康的體制是首要之急，因為源自於良好政府的力量要比廣闊的領土所能提供的豐富資源更加可靠。

我們有兩種方式來衡量政治體，即透過它的領土面積以及人口數量。如果一個國家要達到它的最佳大小，就必須在這兩個衡量尺度之間實現一種平衡。

人構成了國家，而土地養活了人。這兩者間的合理均衡要求有足夠多的土地來養活它的居民，同時居民的數量又要正好等於土地所能供養的人口。

只有在這個比例上，一定數量的人口才能實現它的最大力量。如果領土過多，防禦就會成為負擔，土地的耕種不充分，產出也會過剩，不久就會引發防禦性的戰爭。反之，如果領土過少，那麼這個國家就要看鄰國的臉色依賴於從他們那裡進口，不久將會導致侵略性的戰爭。

事實上，沒有人能夠詳細地指出在土地面積和居民數之間應該有一個怎麼樣的精確比例，這不僅是因為不同地方有不同特點，還包括土地的肥沃程度各不相同、物產性質不同、氣候影響上有差異等因素。

居住在不同領土上的居民在氣質上也存在著差異，比如說，一些居住在肥沃國土上的人消耗很少，而另外一些居住在貧瘠國土上的人卻消耗很多。

再者，我們還必須考慮到女性生育能力的大小、土地各自的特性，以及立法者藉助它的體制希望吸引的外來移民數量。

　　由此我們可以得出結論，立法者不應該只根據他見到的，而必須根據他所預見到的來做決定，他不應該只考慮到現有人口的數量，更應該考慮到人口自然會達到的數量。

　　最後還會有上千種情況，如：

　　在某些特殊情況下，會要求或允許人民占有多於必需的土地。

　　在多山的國家中，那裡的耕地類型主要是森林和牧場，需要的勞動較少，經驗證明，這些地方的女人平均生育能力比平原上的女人更強。

　　同樣地，在多山的國家中，由於陡峭的山坡上只有很小部分的平地可以用來耕種，所以人類只好向外散布得更廣。

　　相反的例子，在海邊，人類聚集在很小的區域內，即使那裡是貧瘠不毛的岩石或沙灘。因為漁業能夠更好地抵禦海盜，還可以透過海外殖民擺脫人口過剩的負擔。

　　一個民族體制的建立還要有其他的條件，有一個條件是其他任何條件都不能代替的，而且如果沒有了這個條件，其他所有的條件都將是無效的。

　　這個條件就是：人民必須享受充分的和平。

　　因為一個國家在創立時期，就如同一支軍隊初編的時期一樣，是最沒有抵抗力、最易被破壞的時期。

　　那麼什麼樣的民族才適合接受法律呢？

　　我的回答是：

　　一個雖然發現自己已經基於某種利益或約定而聯繫在一起，但還未曾承受法律約束的民族。

　　一個沒有根深蒂固的傳統或迷信的民族。

　　一個不懼怕突然的入侵，並且不會干預四鄰爭端的民族，這個民族能夠勇敢地抵抗周圍任何一個民族，並且藉助一個民族的幫助來抵制另一個民族。

一個其中任何一個成員都被所有的成員所認識，而且不需要對其他成員強加其所不能承受的負擔的民族。

一個不需要其他的民族就能生存，而且其他的民族不需要它也能生存的民族。

一個既不太富裕也不太貧窮，但卻有足夠的東西供給自己的民族。

最後，還是一個結合了古老民族的穩定性和新生民族的可塑性的民族。

事實上，立法者的任務之所以艱難，更多的不在於必須建立什麼，而在於必須破壞什麼。

而使得立法成功如此少見的原因，則在於難以將天然的樸素性和社會產生的需要結合在一起。

把上面所有的條件都結合在一起是很困難的，這就是為什麼很少有體制良好的國家存在的原因了。

論立法體系

盧梭指出「自由」與「平等」是立法的最終目標。而一個國家的體制要想得以鞏固和持久，必須學會因地制宜。

如果我們探討以下問題：

立法的最終目標是什麼？

立法給全體人民帶來的最大幸福是什麼？

我們就會發現，立法可以歸結為「自由」與「平等」這兩大目標。

說「自由」，是因為如果個人只是依附於某個團體才能生存，就必然要消弱國家共同體中的部分力量。

說「平等」，是因為沒有它，自由便不復存在。

在這裡需要說明的是，所謂「平等」，不是指財富和權利的絕對相等。

就財富來說，沒有一個公民窮得不得不轉讓自己，也沒有一個公民富得足以購買另一個人。

就權利的行使來說，權利不應該是任何暴力的工具，而只有其職位與法律才能加以行使。

要做到以上各點，必須要求小人物節制貪婪，而大人物節制財富與權勢。

到這裡，也許有人會說：「這種平等一定是一種虛構，它在實踐中絕對不可能存在。」

但是，如果濫用權力是無法避免的，難道我們就不應該去糾正它嗎？

就立法來說，其力量應該傾向於維持平等。

正如我前面所說，為了實現良好制度所達到的普遍目的，各個國家就應該按照當地的形勢以及居民的性格這二者的對比關係加以修改，根據這種對比關係給每個民族確定一種特殊的制度體系。

就這種制度體系本身來說，它可能不是最好的，但對於推行它的國家來說，則應該是最好的選擇。

例如，如果國土十分貧瘠，就應該向工業和工藝方面轉移，用產品來交換缺乏的糧食。

如果國土十分富庶，但缺少居民，就應該專心致志地發展農業，而驅除一切工藝，因為工藝把國家原本就很少的人集中在少數幾個地方，結果造成國家人口的減少。

如果擁有廣闊的海岸，就應該努力經營航運與商業。

總之，除了人民共同的準則外，每個民族都因自身的某些原因，使它必須以特殊的方式來規劃自己的社會秩序，並使國家的立法只適合於自己。

事實上，一個國家的體制要想真正鞏固和持久，必須學會因地制宜。

第三章 政府

事實上，要討論民主，就不能不討論有關政府的話題。盧梭在本章中，回答了一系列關於政府的問題，如什麼是政府？政府的作用？政府有幾種類型？一個好政府的標誌是什麼？政府是如何創制的？……

論政府

什麼是政府？政府就是在人民和主權者之間建立的一個中間體。政府有什麼作用？政府的作用是使人民和主權者能夠相互適合，政府負責執行法律、維護社會及政治自由。政府的體制是不變的嗎？並不存在一種唯一的、絕對的政府體制，它根據國家的大小不同，可以有同樣多的、性質不同的政府體制。

什麼是政府？

政府就是在人民和主權者之間建立的一個中間體。

政府有什麼作用？

政府的作用是使人民和主權者能夠相互適合，政府負責執行法律、維護社會及政治自由。

我們將這一中間體的成員稱為行政官，換言之，他們是執政者。而代表整個中間體的人，我們稱之為君主。

事實上，人民服從執政者時所根據的行為不僅僅是一種契約，還是人民對執政者的一種委託，同時也是人民對執政者的一種任用。

這些執政者，僅僅是主權者任用的官吏，是以主權者的名義在行使著主權者所託付給他們的權力。倘若主權者願意，主權者就可以限制、改變或收回這種權力。

我們將這一行政權的合法運用者稱之為政府，而負責這種行政的人稱之為行政官。

在政府之中，我們可以發現這些中間力量——它們的比率構成了全體對全體的比率，也就是主權者對國家的比率。

我們可以用一個連比例中首尾兩項的比率，來表示主權者對國家的比率，而這個比例中項就是政府。

政府從主權者那裡接受它向人民所發布的一切命令。為了使國家能夠處於一個平衡狀態，它必須進行精確計算，使政府施行的行政權力等於主權者所賦予他們的權力。

只要我們變更這三項中的任何一項，就會破壞這個比例。

倘若主權者想要進行統治，或行政官想要制訂法律，或人民拒絕服從，那麼規則就會被代替，人民的力量和意志一致，國家就會解體，社會陷入專制政體或無政府狀態之中。

需要說明的是，在每種比率之間只有一個比例中項，故一個國家也只能有一個比較好的政府。

但是生活中常常會發生許多變故，而這些變故都可能改變一個民族的這些比率。

因此，不僅各個不同民族可以有個別良好的政府，就是同一個民族在不同的時期也可以有個別良好的政府。

為免說明可能制約上述首尾兩項之間的各種不同的比率，這裡舉人口的數目為例進行說明。

假設一個國家由一萬個人組成，而主權者只能將其視為一個共同體來看待，這個國家中的每一個人則可以視為一個個體。如此主權者對臣民的比例就是一萬比一。也就是說，這個國家中的每個成員只有主權權威的萬分之一。

再假設一個國家由十萬個人組成，雖然他們所有人都同等地擔負著全部的法律，但此時他的表決權已縮減至十萬分之一。

也就是說，民眾還是一，但主權者的比率則隨著公民的人數的增大而增大。

由此可見，國家愈大，則民眾的自由就愈小。

從上述關係我們可以看出，個別意志對公意的比率越小，制裁的力量就應該越強大。

所以要成為一個良好的政府，就應該隨著人民數目的增多而加強。

從另一個方面看，既然隨著國家的擴大，人民給予了公共權威的受託者更多的權力，那麼他們受誘惑的可能性也越大，濫用權力的辦法越多。

根據這一變化，政府越有力量來約束人民，則作為主權者的人民也越應該有力量來約束政府。

我們從這個雙比率中可以看出：主權者、君主與人民三者之間的連比例絕不是一種主觀臆造出來的觀念，它是在生活中實際存在著的，是政治體的本性所帶來的必然結果。

我們從中還可以看出：首尾兩項中作為民眾的一項，則固定不變地等於「一」。因此，這個雙比率每一次增大或縮小，則單比例也照樣地增大或縮小，從而帶動中項隨之變化。

由此也可以看出：並不存在一種唯一的、絕對的政府體制，它根據國家的大小不同，可以有同樣多的、性質不同的政府體制。

論政府的類型

簡單來說，政府可以分為三種不同的類型：民主制、貴族制和國君制。但並不是說政府就只有這三種類型。盧梭指出，政府的類型是多種多樣的，而且一個國家並不存在一個絕對的政府體制。

在本節中，我們將探討各種不同的政府類型。簡單來說，政府類型可以分為以下三種：

（一）民主制

主權者可以讓絕大多數人民，甚至是全體人民來執掌政府，從而使做行政官的公民多於個別的公民，這種政府形式稱為民主制。

（二）貴族制

將政府的權力僅限於少數人，從而使行政官的數目遠少於個別公民的數目，這種政府形式稱為貴族制。

（三）國君制

把整個政府的權力都集中在唯一的行政官手裡，其他人都得從他那裡取得權務，這種政府形式稱為國君制。

需要說明的是，在以上三種政府形式中，民主制和貴族制是可以變動的，甚至可以變動的幅度還非常大。

因為民主制既可以包括全體人民，也可以縮小到人民的半數；而貴族制可以從人民的半數縮小到極少數的人。

透過這三種政府形式，我們可以看出政府實際上能包含各種不同的形式，其數目正如國家可能有的公民數目。

除此之外，就同一個政府而言，其在某些方面可以再分為若干部分，這些部分可以以某種方式施政，另一些部分則可以以另外一種方式施政。

三種形式結合在一起可以產生大量的混合形式，每一種混合形式都是由這些簡單的形式衍生出來的。

什麼是最好的政府形式呢？

這個問題無論在哪個時代，人民都曾有過許多爭論，而在這些爭論中，並沒有考慮到每一種形式都需要依其特定的情況而產生不同的效果，如一種形式在某種情況之下可能是最好的，但在另一種情況下又可能是最壞的。

如果要遵守在不同的國家裡，最高行政官的人數與公民的數目成反比這個原則的話，君主政府適宜於大國，貴族政府適宜於中等國家，而民主政府則適宜於小國。

論民主制

　　盧梭指出，一個國家很難實行真正意義上的民主制，因為人民不可能總是停下手邊事情、優先處理公共事務，而且民主制政府意味著必須擁有許多難以湊齊的先決條件，此外，沒有比民主制政府更容易發生內亂的了。綜上所述，盧梭認為，真正的民主永遠不會存在。

　　嚴格來說，從來就不存在真正的民主，也永遠不會存在真正的民主。

　　因為多數人統治、少數人被統治是違背自然法則的現象。

　　我們無法想像人民為了處理公共事務不斷集中起來。

　　我們也很容易看出，人民若為此設立一些委託機構，政府的形式也就隨之改變了。

　　實際上，我認為可以把下面幾點作為一個原則：

　　當政府職能被分配於數個機構時，人數最少的機構遲早會取得最大的權力，哪怕僅僅是為了方便處理事務，也會自然而然地走到這一步。

　　而且，這樣的政府意味著必須擁有許多難以湊齊的先決條件：

　　其一，國家要非常小，便於人民集合，每個公民可以輕易地認識其他公民。

　　其二，民風要非常淳樸，以免事務繁多、討論棘手。

　　其三，地位和財富要十分平等，否則權利和權威的平等不會長久。

　　其四，奢侈現象要少有或沒有，因為奢侈是財富造成的，或者是對奢侈的追求造成了對財富的追求，奢侈既敗壞富人也敗壞窮人，它促使前者占有財富、後者覬覦財富，它使國家沉浸在萎靡和虛榮之中。

　　除此之外，沒有比民主制政府更容易發生內亂的了。

　　因為沒有任何政府會如此強烈、如此頻繁地改變形式，也沒有任何政府需要以如此的警惕和勇氣來維持自己的形式。

在民主制政府中，公民尤其需要力量和毅力，每天都要在內心深處重複著這樣的話：「我寧願要動盪的自由，也不要平靜的奴役。」

倘若人民是由神組成的，他們就可以實行民主制。但顯然這是不可能實現的。

論貴族制

貴族制最早出現在古代，隨著時間的推移，其又發生了轉變，由自然制轉變為選舉制，最後又轉變為世襲制。盧梭認為，在這三種形式中，第二種是最好的、嚴格意義上的貴族制。

事實上，古代最初的社會形式就是貴族制。

在古代淳樸的民風下，各家庭的首領互相探討公共事務，而年輕人自覺性地服從。所以出現了長老、元老、尊長這樣的稱呼。

他們以這種方式治理著自己的領地，並且治理得很好。

然而當制度造成的不平等超越了自然的不平等，富裕程度或權威名望就比年齡更為人民所看重。於是貴族制就從自然生成的轉變為選舉制。

隨著時間的推移，財產和權力經由父親傳承給兒子，形成了許多世家，政府也隨之轉為世襲制。

概括而言，貴族制共有三種形式：自然制、選舉制與世襲制。

第一種只適於純樸的民族；第二種是最好的、嚴格意義上的貴族制；第三種，是所有政府之中最壞的一種。

就第二種來說，除了可以區別兩種權力——立法權力、行政權力，還可以選擇自己的成員。

因為在民主制的政府中，行政官就是所有的公民；而在貴族制的政府中，行政官只局限於少數人，而他們是在法律規定的程式下選舉出來的。

這些被選舉出來的行政官，他們的正直、經驗、智慧等，恰好是政治修明的基本保證。

在貴族制的形式下，由於參與者較少，更便於集會和討論事務，故實行起來更加快捷、更有秩序。

事實上，只要民眾能夠確定自己所選舉的行政官具有良好的品質，他們不是為了自己的利益考慮，而是全心全意為了民眾的利益服務，那讓他們來治理民眾就是最好的、最明智的做法。

必須說明的是，共同體的利益在此會受到消弱。

正如先前所述，實行貴族制的國家不能太小，民眾也不能太直率、太簡單；同時，這樣的國家也不能太大，否則很容易導致行政官在各自的轄區內割據主權。

若相對於民主制的政府而言，貴族制並不需要某些德行，那它就更需要本身所持有的德行，如富而有節、和平而知足等。

除此之外，如果在貴族制的形式下出現了財富的不平等，那也只是為了讓那些最能貢獻出自己全部時間的人來管理公共事務，而非為了使富有者可以占領先機。

論國君制

在國君制中，國家機器的所有控制桿都掌握在同一人手裡，這個人就是國家的君主或國王。國君制有著民主制和貴族制所沒有的優勢，但其缺陷則更為突出。盧梭告訴我們，國君制存在諸多缺陷，可以說是三種政府形式中最壞的一種。

在本節中，我們要考慮權力掌握在一個自然人手中的情況，也就是說，只有這一個人才能根據法律來行使這個權力，我們將這個人稱為君主或國王。

與其他政府形式不同，國君制的政府是由一個個人來代表一個集體的人格，因而構成君主道德上的統一體。

此外，在其他政府形式中，法律要花費很大的困難才能使之結合起來的種種可能，在這裡卻很自然地結合在一起。

故君主的意志與人民的意志、政府的個別權力與國家的公共力量都只向同一人負責。國家機器的所有控制桿都掌握在同一人手裡。在這裡沒有任何衝突的行為，我們無法想像其他體制能透過這麼少的努力而達到如此多的效果。

可以說沒有任何體制的政府能比君主制的政府更有活力，也沒有任何體制的政府其個別意志具有如此大的支配性。

毫無疑問，這裡所有的東西都向著同一個目標，這個目標卻不是公眾的幸福。

在這裡，君主想成為絕對的統治者，而人民在很遠的地方向他大聲疾呼：成為絕對統治者最好的方式，就是讓自己得到人民的擁戴。

實際上，這是一個非常好的準則，卻遭到了無情的嘲笑。

因為君主永遠也不會對此感到滿足，即便是最好的君主也希望——如果他願意就可以做壞事，同時他仍舊是絕對的統治者。

一個布道者可以明白地告訴君主：既然人民的力量就是君主的力量，那麼對君主而言，最大的利益就是使人民繁榮昌盛、人口眾多、力量強大。

但是君主卻非常肯定地否決了這一點，他的利益首先在於：人民應該永遠是軟弱的，而且永遠也不會反抗他。

在我看來，倘若人民永遠順從的話，那麼人民從弱小變得強大也可能符合君主的利益。但這是次要的利益，而且力量強大與順從又總是不相容，很自然地君主更喜歡那些對他們來說直接有用的原則。

事實上，正如我們前面所說，君主制僅僅適用於大的國家，現在我們又發現了這一點。

行政官的數目越多，行政官與臣民之間的比率就越小。

在民主制中，行政官與臣民的比率為一比一。

隨著政府的精簡，行政官與臣民的比率相對地逐漸增大。

當政府掌握在一個人手裡的時候，行政官與臣民的比率就達到了最大值。

此時君主與臣民之間有著太大的距離，國家也就沒有了聯繫的紐帶。要使這種紐帶形成，國家中就必須包含王子、王公、貴族等中間等級。

但是這一切對於一個小國家是不適合的，小國家會因有如此多的等級而毀滅。

然而，如果說治理好一個大國家很困難的話，那由一個人治理好一個大的國家理所當然更加困難。且每個人都知道，當一個君主透過代理機構進行統治時將會發生什麼。

此外君主制還存在著一個非常大的缺陷——在君主制下，得到提升的幾乎是那些缺乏頭腦的人、卑鄙的騙子、陰謀家。他們憑藉著一點小聰明，就使他們爬到了很高的位置，一旦獲得任命，他們的不稱職就會馬上暴露出來。

毫無疑問，這種人員的選擇，人民會比君主犯更少的錯誤。

事實上，君主制的國家要想治理得好，它的大小和領土範圍應該是與統治者的才能成比例的。

然而無論這個國家如何的小，對這一國家而言，君主的力量總是不足的。

即使我們退一步來說，倘若國家對於統治者真的小了，那這個國家反而會治理得更糟，因為這樣的統治者會為了自己的宏圖而忘記人民的利益。

對這樣一個君主來說，他對自己才能的過分濫用而給人民帶來的不幸，並不比一個普通君主由於才能的缺乏而帶來的不幸更小。

故一個國家在不同的朝代都應該根據君主的能力來擴大或者縮小其領土。

除此之外，君主制政府有一個非常明顯的缺點——缺乏繼承上的連續性。

當一個君主去世後，就要選舉出一個新的君主，而選舉會導致一個危險的間斷期。這種間期會充滿狂風暴雨，除非在這種政府下的公民能比平常具有更大的無私和正直，否則就會出現賄賂及腐敗。

人民曾經做過什麼來防止這種情況產生呢？

人民曾經使王位在某些特定的家庭中世襲，並且確定了繼承的次序防止因君主去世而起爭端。

也就是說，透過用攝政的缺陷來取代選舉的缺陷，表示人民寧願要短暫的和平，而不願要賢明的行政管理；寧願冒險讓小孩、智能障礙者作為統治者，也不願為了選擇一個好的君主而產生爭端。

事實上，人民沒有意識到當他們冒著危險做這種選擇的時候，他們已經使得一切機會都不利於自己了。

這種缺乏連貫性的後果就是皇室政府的變化無常，它們有時用這種計畫來指導自己，有時又用另一種計畫來指導自己，而這完全取決於進行統治的國王或者代國王統治的人的個性，故他們無法長期有一個確定的目標，也無法有一個連貫的政策。

這種變化無常使政府經常由一種原則轉到另一種原則，由一個計畫轉到另一個計畫，而這種缺陷在其他政府形式中是沒有的。

說到這裡，其實對於國君制的探討遠沒有結束，但我們應該已經得出了一個結論：國君制存在諸多缺陷，可以說是三種政府形式中最壞的一種。

論混合政府

盧梭認為，從嚴格意義上來說，政府不會以單一的形式存在，故存在著混合形式的政府。那麼單一的政府形式與混合的政府形式孰優孰劣？這是人類長期以來爭論不休的話題，在本節中，盧梭為我們作了詳細的解答。

從嚴格意義上來說，政府不會以單一的形式存在。

顯然民主也要有一個領袖，而一個單一的統治者也一定會有從屬。

所以在行政權力的分配下，要有一個從大到小的級別，有時大的要依賴小的，有時小的會依賴大的。

有時權力分配是均等的，或因為相關者互助依賴，或因為每一部門的權力雖獨立卻不完善。

後一種形式是不好的，如若政府間沒有統一，則國家缺乏親和力。

單一的政府形式與混合的政府形式哪一個更好？

就其本身而言，單一的政府形式比較好，因為其簡單。

但當統治者和主權者的比例大於人民和統治者的比例，這種失衡的比例必須由政府的分割來彌補。如此一來，所有部門都對臣民擁有了同樣的權力，但這樣的分割使他們在總體上不如主權者強大。

這種失衡的比例還可以經由設立中間官員來修正，中間官員可以平衡兩個權力，並維持兩者的各自權利，從而使政府不被分割。此時的政府不是混合的形式，而是協同的形式。

同樣的方法還可被用來修正相反的失衡比例：當政府太鬆散，可以建立機構來把權力集中。所有民主制都有這一機構。

在第一種情形下，政府被分割使其消弱；在第二種情形下，權力被加強。最大的力量和最大的弱點在單一形式的政府裡同時存在，而混合形式的政府導致比較平均的力量。

論一個好政府的標誌

什麼樣的政府才是最好的政府呢？盧梭指出，如果一切都處於同樣的狀態，那麼一個不靠外來的幫助、不靠吸收同化外邦的人口，也不靠發展海外殖民地的政府，在它的治理下，公民人數繁衍和成長得最快，毫無疑問，這樣的政府就是最好的政府了。

什麼樣的政府才是最好的政府呢？

事實上，這一問題很難回答，而且這一問題意義不明。

或許在所有民族的絕對處境與相對地位之間存在多種結合的可能性，也存在多種可以回答的答案。

但是，如果有人問這樣一個問題：一個既定民族治理得好還是壞，我們應該怎樣判斷呢？

那就另當別論了。

對於這樣的問題，我們可以透過觀察實際現象的方法來加以解決。

然而，直到今天，人們也沒有針對這樣的問題作出回答。

為什麼呢？

因為每一個試圖回答問題的人，都試圖按照自己的方式回答它。

臣民頌揚公共的安寧，而公民追求個人的自由；一種人傾向於保障自己的財產，而另一種人要求保障人身的安全。

有些人認為最好的政府即統治最為嚴厲的政府；而另一些人卻主張最溫和的政府才是最好的政府。

有些人要求嚴厲懲罰犯罪；而另一些人則認為主動預防犯罪更勝於事後嚴懲。

有些人主張最好的國家是讓四周的鄰邦都感到畏懼；而另一些人則說能讓鄰邦忽視自己的存在更好。

有些人滿足於國度之內貨幣充分的流通；而另一些人則要求一國之內的人民能滿足生理需求即可。

對於以上這些差異，即使人民在某些方面及其他類似方面都能達成共識，我們是不是能把這個問題再往前推進一步呢？

正如道德的特性及其標準無法精確測量一樣，人民即使對「什麼是最好的政府」的標誌形成了一致的意見，可是在對這種標誌的估價上也是難以形成一致意見的。

在我看來，對於如此簡單的最好政府的標誌，我十分驚異人們目前為止還沒有一致看法。

還是回到這個根本的問題之上：政治聯合的目的是什麼？

人們會回答：不就是為了政治體成員的自我保存和繁榮嗎？

然而如果再問：他們成員的生存和繁榮的最確切可靠的標誌又是什麼呢？

那就應該是：他們的具體數量和他們的人口了。

因此我們不要再到其他地方去尋找這個爭論不休的標誌了。

如果一切都處於同樣的狀態，那麼一個不靠外來的幫助、不靠吸收同化外邦的人口，也不靠發展海外殖民地的政府，在它的治理之下，公民人數繁殖和成長得最快，毫無疑問，這樣的政府就是一個最好的政府了。反之，經過它的治理之後，人民的數量減少而逐步削弱，那它必然是一個最壞的政府。

論維護主權權威

在盧梭看來，主權權威應該掌握在人民手裡，而人民集會是其必要的形式，但君主對這種現實是極其恐懼的，他們總是不擇手段、費盡心機地，以種種反對、刁難與諾言力求抗拒公民的集會。盧梭指出，倘若人民貪婪、懦弱、畏縮、喜好安逸更甚於愛自由的話，他們就不能長期抗拒政府的這種努力了。就這樣，反抗的力量不斷地成長，而主權權威終將消逝。

事實上，主權者除了立法權之外，便沒有其他的力量，所以立法者只能依靠法律而行動。

但是法律是一種公意的代表，只有人民集合起來時，主權者才能有所行動。

有人會說：「要想將人民集合在一起，這簡直是一種痴心妄想！」

或許在今天，這的確是一種妄想。但在兩千多年前，這卻是一個事實。

那麼人性發生改變了嗎？

讓我們根據事實來做一個探討。

我們將追溯一個偉大的國家和一個偉大的城市，即古羅馬共和國和羅馬城。

　　古羅馬最後一次的人口統計數字表明，羅馬的武裝力量是四十萬，而整個帝國的最後數字是公民四百萬人以上，這還不包括屬民、外邦、婦女、兒童和奴隸在內。

　　不難想像要羅馬城及其周邊數量龐大的人民時常集會是多麼困難的事情啊！

　　然而，羅馬人民很少一連幾周不參加集會，甚至一周參加多次集會。羅馬人民不但行使主權，還行使一部分政府的權利。他們處理公共事務，甚至審判某些案件，可以說羅馬人民在公共會場上扮演著兩個角色——既是公民又是行政官。

　　倘若我們再追溯到各民族歷史的早期，就會發現大部分的古代政府也曾有類似的會議。

　　無論如何，這個事實是無法辯駁的，它本身就回答了所有難題。

　　我們如果要根據現有的事實來推論將來的可能，這的確是一種好方法。

　　集會的人民一旦批准了某項法律，國家的體制也就確定了，但這還不夠。

　　就算他們建立了一個永久性的政府，或一勞永逸地提供了行政官的方法，這也是不夠的。

　　他們還必須有固定的、絕不能延期或取消的集會，當然因特殊事務而需要集會的情況除外。

　　如此一來，到了規定的日期，人民便能根據法律合法地召開會議，而不需要以其他形式召集。

　　必須說明的是，除了這種合法的集會外，其他未經行政官允許的集會都應該被視為非法，而且這種集會所做出的決定也都是無效的。

　　集會的次數應該是多少呢？

　　這取決於多方面因素的考慮，我們無法對此做出明確的規定。但一個政府越是有力量，主權者就應該頻繁地表現自己。

　　到此，也許有人會問：「以上情況對於僅有一個城市的國家可能很好，但對於包含許多城市的國家又該怎麼辦呢？是將主權分開來，還是將主權集中在一個城市，而使其他城市都成為它的附庸呢？」

　　我認為這兩種方法都不可取。

　　首先，一個國家只有一個主權權威，如果分割它，就不可能不毀滅它。

　　其次，一個城市就像一個國家一樣，是不可能以合法的形式隸屬於另外一個城市的。

　　此外，將許多城市結合成一個城市，這並不是什麼好事。當想要進行這種結合的時候，種種天然的不便是人類所無法避免的。

　　事實上，絕不能以大國的濫權為藉口來反對主張只要小國的人。

　　那當大國進犯小國時，小國又該以什麼樣的力量與之抗衡呢？

　　以往的歷史和經驗告訴我們，只要國與國之間結成聯邦或聯盟就可以使小國有足夠的力量來抵禦大國。

　　但是，如果人民不能將國家縮小到適當的疆界之內的話，還有另一種方法，就是取消首都，把政府輪流設在每一個城市裡，並在這些城市裡召集全國會議。

　　這樣能使人口平均分布在領土上，使相同的權利普及到各個地方，使每個地方都享有富足與生命力。

　　唯有這樣，國家才能盡可能地被治理好，同時強而有力。

　　當人民合法地集會而成為主權者共同體的那個時刻，政府的一切權限便宣告終止。政府的行政權中斷了，即便是身分最渺小的公民與身分最高的高級行政官，其權力同樣都是神聖不可侵犯的。

　　由於代表人已經出現，就不可能再有什麼其他代表了。此時執政官只不過是人民的主席，而元老院則毫無地位可言。

　　但如果要君主來承認這樣的現實，對他們來說是極其恐怖的事情。

也就是說，這種由人民集會來保護政治共同體的方式是對政府的一種約束，故在任何時代裡，它都成為君主的一種恐懼。

於是，君主總是不擇手段、費盡心機地，以種種反對、刁難與諾言來力求抗拒公民的集會。

倘若人民貪婪、懦弱、畏縮、喜好安逸更甚於愛自由的話，他們就不能長期抗拒政府的這種努力了。

就這樣，反抗的力量不斷地成長，而主權權威終將消逝。

論代理人

所謂「代理人」，即僱傭別人代表自己去參加公共事務，代表自己的那個人就是代理人。盧梭反對這種做法，他認為代理人是一個非常現代的觀念，來自那個使人類敗壞、使人這個名字蒙羞的封建社會。而在共和制，甚至於古代的君主制下，人民從無代表，這個詞根本不存在。盧梭指出，一旦人民為自己找到代理人，他就不再自由、不再存在。

如果公眾服務不再是公民關心的主要對象，公民也就不再自己親自介入，而是用金錢來代替公眾服務。如此一來，國家處在危險的邊緣。

若戰爭爆發需要士兵，公民不是自己出戰，而是出錢僱用士兵；若有公共事務需要集會，公民同樣也不是自己參加，而是派代表出席。

公民僱用代理人的結果是——被他們僱用的士兵會奴化這個國家，而他們僱用的代理人則會出賣這個國家。

事實上，國家的結構越是良好，在公民的腦海裡，公共事務就會越優先於私人事務。

在治理良好的國家裡，人民會踴躍地參加公民集會；而在治理很差的國家裡，人民一步也不想邁出去，因為他們對集會失去了興趣，只關心自己的事情。

毫無疑問，一旦公民針對國家大事說：「這和我有什麼關係呢？」這個國家基本上就已經迷失了。

對國家愛的減少、對私利的熱烈追求，國家的幅員遼闊、戰爭征服和政府濫權，這就導致了代理人參加公民集會的出現。

正如主權不能放棄，參加集會也不能被人代表。關鍵在於意志，意志是不能被人代表的，它可以是自己，可以不是自己，沒有中間的可能。

也就是說，人民代表不能、也不可能是人民的代理人，他們只是人民的使節，不能最後定奪一切。

不經過人民親自認可的法律都是無效的，也不能被稱為法律。

事實上，代理人是一個非常現代的觀念，它來自那個使人類敗壞、使人這個名字蒙羞的封建社會。

在共和制，甚至於古代的君主制下，人民從無代表，這個詞根本不存在。

當法律和自由就是一切，困難就不算什麼。那些聰明的民族從不讓任何人超出它應有的範疇。

在古希臘，所有人民必須做的事情都由自己親自來做，他們不斷地在戶外舉行集會。希臘的氣候非常溫暖，他們並不貪婪，自由是他們唯一關心的話題。

如果沒有希臘人那樣有利的條件，相同的權利又該如何維持呢？

生活中的惡劣氣候的確增加了我們的需求，戶外的公共場地一年有六個月不能使用，失聲的語言在開闊的空氣中無法為人聽見。我們花了更多的氣力與利潤，卻不是為了自由，比起奴役，我們更害怕貧困。

自由難道非要有奴役的支持才能夠維持嗎？

或許吧！兩個極端在此銜接。一切不屬於自然的東西都有其不利之處，公民社會更是如此。若一個人的自由必須犧牲另一人的自由，那麼奴隸極端服從公民的情形是非常不幸的。

事實上，古斯巴達就是這樣。至於現代人，或許沒有奴隸，但他們自己就是奴隸——他們用自身償付了他們自由的代價。

我這樣說，並不是認為奴隸制是必須的，或蓄奴權是合法的，因我已證明了相反的結論。我只是要說明，為什麼古代人不需要代理人，而自認為更加自由；現代人卻需要代理人。無論如何，一旦人民為自己找到代理人，它就不再自由、不再存在。

論政府的創制

在本節中，盧梭首先指出，政府的創制絕不是一項契約。之後盧梭詳細論述了政府是如何創制的。

要說政府的創制，首先我們要明白一點：政府的創制絕不是一項契約。

立法權一旦確立，接著便要確立行政權。立法權與行政權是自然分開的、完全不同的兩個概念。

倘若主權者能夠擁有行政權，那事實和法律就會被混淆。換句話說，將無法分清什麼是法什麼不是法。這樣的政體無疑是墮落的，且很容易被暴力推翻。

根據社會契約，公民都是平等的，所有人都可以提出大家應該做什麼，但沒有人有權要求別人去做自己不願做的事情。這個給予政體生命和行動的權利，主權者在組成政府時將之授予了統治者。

有人認為，構成政府的行為是人民和被選擇的領袖兩者之間形成的契約，規定了一方的責任是命令，而另一方的責任是服從。

在我看來，這樣的觀點是不合理的，是完全站不住腳的。

首先，最高權威不能改變也不能放棄，對它的限制也就是對它的毀滅。說主權者將一個更高的權威放在自己之上，是荒謬而自相矛盾的。

其次，這種人民和某些個人間的契約是特殊的行為。由此可見，這種契約不可能是法律或主權者的行為，而只能是非法的。

　　還可以看出，契約各方彼此間只是處於自然法則下，而沒有任何承諾，這完全違背於公民社會。因為擁有一切權力就可以隨心所欲。

　　事實上，國家中只有一個契約：結成社會的公約，這是完全排他的。無法想像同時存在其他公約又不破壞原有的約定。

　　接著要探討的問題是：應該以什麼方式認可政府組成的行動？

　　這一行為是十分複雜的，它由另外兩者構成：法律的建立和法律的執行。

　　就法律的建立而言，主權者決議應該具有一定形式的統治實體。顯然這一決議就是法律。

　　就法律的執行來說，人民任命官員建立起來的政府，這種任命是特殊行為，而非第二個法律，只不過是第一個法律的結果，是政府的行為。

　　要如何理解在沒有政府存在前就有了政府的行為，以及作為主權者和臣民的人民如何能夠在某些情況下成為統治者和官員？

　　我們再一次看到政體的一個驚人性質，透過這一性質，政體將兩個看似矛盾的運作結合起來。

　　這種運作由主權突然變為民主制而完成，不必預見任何可見的變化，僅僅是一種新的整體對整體的關係，公民成為了官員，把一般行為轉變成特殊行為，把法律付諸實踐。

　　這種關係的變化並不是純粹的理論，而是有實例可循。它在英國議會中時常發生，下議院有時會把自己變成「議會委員會」以便更好的討論某些事務，於是它停止了其主權者法庭的功能，成為一個單純的調查委員會。接著，它會向作為下議院的自己報告「議會委員會」的決議，在這一名義下重新考慮它用此名義作出的決定。

　　這是民主制政府特有的優勢：它只要一般意志的單一行為便得以存在。之後若這種政府形式得到選擇，臨時政府就可以繼續存在下去，或以主權者的名義依法要求建立政府，從而一切都走上軌道。

事實上，要保持我先前所建立的原則，就不可能再有其他建立合法政府的方式了。

第四章　選舉與監察

　　在本章中，盧梭論述了選舉與監察等內容。對於選舉，盧梭指出，在真正的民主制中，一切都是平等的，抽籤或選舉都可以。因為無論從道德、才能，還是從準則、財富來看，選誰做首領幾乎是無所謂的。對於監察，盧梭認為，正如法律是公意的宣告一樣，監察官職權是公共評價的宣告，而設置監察官的職位，對於良好道德風尚的保持是非常有用的。

論公意不可摧毀

　　盧梭認為公意是不可摧毀的。因為公共意志是純粹且固定不變的。

　　當許多人集合成一個整體時，只能有一個意志，這個意志就是尋求安定和幸福。

　　此時國家的行動強而有力，國家的原則明白確切，國家中沒有混亂與利益衝突，國家中的公共幸福隨處可見。

　　以上這些，有一定識別能力的人便能夠輕易察覺。

　　對於政治陰謀家而言，和平、平等、一致都是他們的敵人。

　　而對於正直、單純的人來說，正是因為他們的單純，所以他們難以受到欺騙，也正是因為他們的正直，各種誘惑和甜言蜜語於他們都是毫無用處。

　　世界上最幸福的民族，常常有一群群的農民坐在樹下討論國事，而且將國事處理得非常明智。相對地，有一些民族崇尚詭計，這使他們臭名遠揚。對此，我們怎麼能不讚許前者而鄙視後者呢？

　　像前者那樣治理國家，所需要的法律非常少。當他們要制定新的法律時，其實早已成為大家的共識。第一個提議的人，只不過是將大家共同的感受說出來而已。當他確信其他人會贊同他時，則大家共同決定的事情將變成法律，毋須結黨營私和耍陰謀詭計。

　　但當社會的聯繫變得鬆懈、國家變得越來越弱、私利變得愈來愈重、少數人的組織操縱大多數人時，公共利益便發生了改變，並且出現反對聲浪，

人民的意見不再是一致的，公共意志也不再是全體人民的意志。此時即使透過最激烈的爭論，仍無法通過最好的意見。

最後國家瀕於危亡，社會的結合在人心中破裂，最卑鄙的利益亦儼然以「公共幸福」的神聖名義來掩飾，公共意志啞口無言。此時每一個人都受到私心的引導，再也不能站在公民的立場上發表意見。

這個時候公共意志是不是被毀滅了呢？

答案是否定的。因為公共意志是純粹的、固定不變的，此時不過是屈從於別的勝過它的意志罷了。

任何人將自己的利益從公共利益中分離出來，都能清楚看見這兩種利益並不能完全分開。

事實上，比起追求私利得到的幸福，他因公共利益受損受到的損失是極其渺小而微不足道的。

除此之外，他也同別人一樣，非常強烈地要求這種公共利益，這樣才真正對他有利。

即使他為了金錢而出賣投票權，在他的心中也不願將公共意志毀滅，只不過是設法躲避它而已。

其實他所犯的過失在於：改變了對問題的態度——對人民向他提出的問題答非所問。

他的選票不是在說「這是有利於國家的」，而是在說「這是有利於某人或某黨的，所以這項議案應該通過」。

於是大會中維持公共秩序的規則，不在於維持公共意志，而在使問題和回答都以公共意志為依歸。

論投票

盧梭指出，投票是得出公意最好的方法。當人民將公共事務放在第一位，能夠同舟共濟的時候，他們的投票愈能趨於一致；反之，當人民只考慮自己

的利益，意見分歧、激烈爭吵的時候，則預示著個別的利益占了上風，預示著國家的衰敗。

關於投票，在上一節中我們已經稍稍提到，在本節中將作詳細探討。

在大會裡，人民愈能同舟共濟，他們的意見愈能趨於一致，那麼公意也就愈占統治地位。相反地，意見的分歧、不斷的爭吵，也就預示著個別的利益占了上風，預示著國家的衰敗。

事實上，即便是在最動盪的年代，只要元老院不加干涉，人民的投票還是能平穩地進行，並按多數票來表決。

然而，當事情發展到另一個極端時，同樣也會出現全體一致——即當公民全都淪於奴役狀態，既不再有自由，也不再有意志的時候——此時恐懼和奉承將投票變成了一場鬧劇。

從這些不同的考慮裡產生了一些準則。我們應該依據這些準則，按辨認公意的難易度及國家盛衰的情況來規定計算票數和排比意見的方式。

唯有一種法律，就其本性而言，必須經過全體一致的同意，那就是社會契約。

政治的結合是世界上最自願的行為。每一個人生來就是自由的，是自己的主人，其他人無論用何種藉口都不能在未得到他認可的情況下奴役他。

但是，倘若在訂立社會契約的時候出現了反對者，這些人的反對也不能使契約無效，因為那不過是不許把這些人包括在契約內罷了。

除去這一原始的契約，大多數投票是可以永遠約束其他人的。這是契約本身的結果。

也許有人會問：「一個人怎麼可能是自由的而又被迫遵守並不屬於他自己的那些意志呢？反對者怎麼能夠既是自由的而又要服從他們不曾同意的那些法律呢？」

我要說的是，這一問題的提法本身就是個錯誤。

公民同意了一切的法律，即使是那些違背他們意願卻通過的法律，甚至是那些違反其中一條就要受到懲罰的法律。

正因如此，他們才是公民並且是自由的。

當人民在人民大會上提議制定一項法律時，他們向人民所提問的，精確地說，並非人民究竟是贊成或反對這項提議，而在符不符合公意。

每個人在投票時都說出了自己對這個問題的意見，於是從票數的計算裡就可以得出公意的宣告。

若與我相反的意見占了上風，那並不代表什麼，只能說明我錯了，假如我的個別意見勝過了公意，那代表我做了另一件並非我原來想要做的事，這時我就不是自由的了。

當然，前提是公意的一切特徵仍存在於多數之中。假如它不存在，無論你贊成哪一邊都不會有自由可言的。

至於可以宣告這種意志的投票比例，我也已經給出測定它所應根據的各種原則。

一票之差可以破壞雙方相等，一票反對也可以破壞全體一致。

然而，還有許多種數字不等的分配介在全體一致與雙方相等之間，而對於其中的每一種，我們都可以視政治體的情況與需要來確定這個數字。

有兩條普遍的準則可供我們規定這一比率：

其一，討論愈是重大，則通過的意見也應當愈接近全體一致。

其二，所涉及的事情愈是需要迅速解決的，則規定的雙方票額之差也應當愈縮小，在必須馬上做出決定的討論中，只要有一票的多數就夠了。

這兩條準則中的前一條似乎更切合法律，而後一條則似乎更切合時務。無論如何，我們都必須依靠兩者的結合才能確定可以宣布為多數的最佳比率。

論選舉

盧梭指出，在真正的民主制中，一切都是平等的，抽籤或選舉都可以，因為不論從道德、才能，還是從準則、財富來看，選誰做首領都是無所謂的。但在君主制政府中，抽籤和投票都不會發生，因為國君是法定的，是唯一的君主和行政官，其下屬的選擇全由他一人來決定。

事實上，行政官和君主的選舉過程是複雜的約定，我們可以透過兩種方式來進行——即推選和抽籤。

這兩種方式在不同的共和國裡都使用過，即便在今天，我們仍然可以看到這兩種方式在選舉中結合地十分複雜。

孟德斯鳩曾經說過：「抽籤和選舉是民主制的性質使然。」

為什麼這麼說呢？

孟德斯鳩回答：「抽籤是一種不令任何人感到苦惱的選舉方式，它給每個公民一種為國服務的合理希望。」

我贊同孟德斯鳩的說法，但並不確信其理由。

倘若我們注意到首領的選舉是政府的、而非主權的一種職能，我們就會理解為什麼抽籤的方式更符合民主制的性質。因為民主制沒有那麼多的約定，所以行政效果更好。

在真正的民主制國家中，行政官一職是一副重擔，而非一種好處，倘若強制這個人而非其他人去擔任這項職務，顯然有失公平。

事實上，唯有法律才能將這一職責授予抽到此籤的人。而在抽籤的時候，所有人的先決條件都是平等的，選擇不取決於任何人的意志。

在我看來，真正的民主制中，一切都是平等的，抽籤和選舉倒也沒什麼不好。不論從道德、才能，還是從準則、財富來看，選誰做首領幾乎是無所謂的。

但是我在前面說過，真正的民主制根本不存在。

　　當推選和抽籤混合使用時，推選所填補的應是那些需要相應才能的職位，如軍事職務，而抽籤適宜那些只需理性、公正、廉潔就能勝任的職位，如法官，因為在一個架構良好的國家，這些優點是所有公民共有的。

　　但在君主制政府中，抽籤和投票都不會發生。因為國君是法定的，是唯一的君主和行政官，其下屬的選擇全由他一人決定。

論獨裁

　　盧梭認為，為了國家的安全，在某些危急關頭可以採取「獨裁制」，即在國家的執政官中任命一個獨裁者。對於獨裁者，只允許讓他有時間應付國家面臨的緊急情況，但不允許他去圖謀其他計畫。

　　在我看來，法律的僵硬性，在某些情況下會妨礙法律的靈活運用。在危急關頭，這種僵硬性甚至會導致國家的滅亡。

　　故絕不能讓政治僵硬到這種地步，以至於終止了法律的神聖權力。

　　然而，除非到了國家生死存亡的關鍵時刻，否則人民不值得冒險變更公共秩序。

　　在這種十分罕見而又危急的情況下，人民便把維護公共安全的責任，透過一種特殊的方式委託給一個最值得信任的人。

　　按危險的種類，這一委託可以採取兩種方式進行。

　　倘若是為了挽救當前的危險局面，只需要在擴大政府的活動時，把政府的權力集中在其中一、兩個成員身上。這裡變更的僅是法律行使的形式，而非法律的權威。

　　倘若危險已到了使法律的尊嚴成為維護法律的障礙的地步，此時人民可以指定一個最高首領，讓他來暫時中止法律和主權權威。在這種情況下，顯然公意是無可懷疑的。人民首要的願望是國家不走向滅亡。應當注意的是，這種方式指的是中止立法權威而非消滅。

　　我們可以透過追溯歷史來看看以上情況。

　　羅馬元老院採用了第一種方法，為了保障共和國的安全，它以一種莊嚴的儀式把國家權力授予執政官。

　　而阿爾比努斯在羅馬所採取的行為開了第二種方法的先河——即為了國家的需要，在兩個執政官之中任命一個獨裁者。

　　當羅馬共和國甫建立時，他們認為最適合管理國家的方式是獨裁。因為當時國家的根基還不穩固，僅僅憑藉憲法的力量就可以保全國家。

　　這個時候，許多必要的防範措施在羅馬風尚面前顯得多餘。人民既不用擔心獨裁者會濫用手中的權威，也不用顧慮他會在屆滿之後繼續濫用權威。

　　與此相反，這樣大的權力對於被賦以這種權力的人來說，反而成為一種負擔。

　　在這種獨裁者的心中，代替法律行事是一件非常痛苦的、非常危險的工作，他也急於擺脫這種權力。

　　故此處的危險就在於貶低權力，而不在於濫用權力了。

　　在這裡我要指責一點，他們對於羅馬早期這種至高無上的行政官制度運用得不夠慎重。

　　因為人民在選舉、祭祀及各種純形式的事務上濫用這種制度，使我們有理由相信這種制度在緊要關頭不夠堅強。這種僅僅用於無謂儀式的官銜，人民也會習慣性地覺得它只是個空頭銜。

　　到了羅馬共和國的末期，已經變得更為慎重的羅馬人，他們對獨裁制的態度又顯得十分保守，其程度正像他們以往對獨裁制的濫用那樣。

　　其實他們的戒心沒有足夠的根據。當時首都力量的薄弱狀況，在那些內部行政官面前卻成了安全的保障。

　　一個獨裁者可以在某種情況下擔負起保衛公共自由的重任，但永遠不能取消公共自由。

　　羅馬的軍隊鑄成了羅馬的枷鎖，而羅馬本身並不能鑄成它。

馬略對龐培、蘇拉、凱撒都沒有進行什麼抵抗。以內部的權威去抵抗外來的武力可能會造成什麼後果，這就可想而知了。

羅馬人就這樣犯了重大的錯誤。例如喀提林事件：並未任命一個獨裁者。因為這個事件僅僅是羅馬城內的問題，最多也只是義大利某幾個省區的問題。一個獨裁者擁有法律所賦予的無限權威，運用這種權威是很容易消除一切違法陰謀的。但那次的陰謀被阻止只是各種偶然的幸運和巧合而已。

元老院沒有這樣做，而是盲目地把它的全部權力都交給執政官，於是就發生了這種情況：西塞羅為行動的有效性不得不在關鍵點上踰越了自己的權限。當人民看到初始階段的良好效果而高興時，竟贊同了他的行為，後來人民在公民違反法律的流血事件上，又要他對此負責。我們可以說人民的態度是公正的。若是面對一個獨裁者，人民就不便對他進行這種譴責了。

然而，這位執政官卻十分善於辯才，所以迷惑了大家。他雖然是羅馬人，但比起自己的祖國，他更愛自己的光榮。他追求的最合法而又最妥當的辦法，與其說是為了保衛國家，倒不如說是要使自己享有這一事件的全部榮譽。

於是他被當作羅馬的解放者受到尊敬，又被當作法律的破壞者受到懲罰。這兩者對他而言都是很公正的。對他判決的撤銷無論有多麼光彩體面，都只是一種對他的恩賜。

除此之外，無論以什麼方式授予執政官的委任，其期限絕對不能延長，必須在一個很短的期限內確立，這是非常重要的。

在需要建立獨裁制的危急關頭，國家不是很快地毀滅就是得到保全。

當緊急時刻過去以後，獨裁制可能會蛻變為暴君制，或變得徒有虛名。

在羅馬，規定獨裁者的任期只有六個月，而他們大部分都在期滿之前就卸任了。

即便任期規定得更長，也許他們還會企圖加以延長，就像十人會議對於任期一年所做過的事情那樣。

對於獨裁者，只允許讓他有時間應付國家面臨的緊急情況，但不允許他去圖謀其他計畫。

論監察

盧梭指出，正如法律是公意的宣告一樣，監察官職權是公共評價的宣告。而監察官的職位對於良好道德風尚的保持是非常有用的。但是，對於已經敗壞的道德風尚進行重建，卻絲毫沒有用處。此外，應該在法律具有旺盛生命力的時候就設置監察官。

說到「監察」，我們就必須提「監察官」。

正如法律是公意的宣告一樣，監察官職權是公共評價的宣告。

當然，監察官制度並不是普遍地適用，而僅僅適用於某些特殊的情況。

監察官的特別法庭也不是人民意見的仲裁者，而只用來宣布人民的意見。

只要監察官的特別法庭與人民的意見相左，那它就是無效的。

如果將一個民族的道德風尚從他們崇尚的對象中區分開來，那是沒有任何意義的。

因為一個民族的道德風尚與他們所尊崇的對象都植根於同一個原則，他們是密不可分的。

事實上，沒有任何一個民族會在選擇什麼是他們快樂的時候，依據天性而拋棄公共的意見。

故只要改變人民的意見，就可清洗他們的風尚並日趨淳樸。

這也是因為人類總是喜歡美好的事物，或者說，人類總是喜歡他們所發現的美好事物。

但當人類在判斷什麼才是美好事物的時候，卻往往會犯錯。

我們必須對這種判斷進行規範。

我們知道所謂判斷道德風尚的好壞，指的就是判斷什麼是榮譽，而要判斷什麼是榮譽，就必須從公共意見中找到其規律。

一個民族的各種意見均來自於這一民族的政治體制或憲法。雖然法律並不能規範道德風尚，但正是因為立法，道德風尚才得以誕生。

事實上，當立法工作薄弱的時候，道德風尚也會開始退化。在這種情況下，監察官的判斷及其職能失去了法律力量應有的作用。

我們可以說，監察官的職位對於良好道德風尚的保持是非常有用的。但是，對於已經敗壞的道德風尚進行重建，卻絲毫沒有用處。

所以應該在法律具有旺盛生命力的時候就設置監察官，法律一旦喪失了活力，一切希望就不復存在了。只要法律失去了應有的力量，一切合法的力量也就都難以保持了，道德風尚怎麼會不遭到敗壞呢？

監察官職位的設置及其功能的發揮之所以能夠維護社會的道德風尚，在於他能阻止公共意見的敗壞，在於他能以明智的措施來保持民風的誠實與正直，甚至在社會的道德風尚還沒有完全定型時就把它們固定下來。

此外，由於公共意見不會屈服於任何限制，故在已經建立的、能代表公共意見的法庭之中找不到一絲強制力的蹤影。

事實是這樣的，在斯巴達的議會裡，曾經有一個道德敗壞的人提出了一條好的建議，而當時的監察官委員們卻忽略了它，後來另一個品德高尚的公民提出了同樣的建議。

在我們看來，這對一個公民來說是多麼的榮耀，而對另一個是多麼的恥辱啊！

然而，這其實不是對他們任何一個人讚揚和譴責，道德風尚已經決定了他們的榮耀，而沒有途徑加以改變。

來自薩摩斯島的幾個醉漢玷汙了監察官委員的特別法庭，第二天，一項公共的敕令允許薩摩斯人可以無恥下流。

大家可以看到，這種不是懲罰的懲罰卻比真正的懲罰來得更加嚴厲。

在斯巴達宣布了什麼是正直的、什麼不是正直的標準之後，整個古希臘再也沒有人去請教他們該如何做判斷。

論公民宗教

宗教是任何國家都能形成的基礎條件。宗教信仰依附於相關國家的法律，人民只有透過征服才能改變宗教，所以在荷馬史詩中，神是為了人而戰，因為他們要讓被征服的人民信仰他們的神祇和法律，由此可見，公民宗教是統治者首先要考慮的問題。

人類從神祇和神權制度過渡到國王和政府，其中經歷了漫長的觀念和情感的轉變，最終接受了自己國家的統治者，並期望從中獲得益處。

兩個互異的民族不可能長期貢奉同一個主人，民族的劃分因而產生了多神制，於是有了神權和公民的不寬容。

正因每個國家都沒有把神祇和法律區分開來，故在異教徒時代沒有宗教戰爭，這說明了政治戰爭同時也是神祇間的宗教戰爭。

任何國家的宗教都依附於相關國家的法律，透過傳教士才能征服、改變一個國家的宗教信仰。

征服另一個國家前，首先要征服其宗教。例如荷馬史詩便是典型的神為人而戰。若戰勝國允許戰敗國保留其神祇，那只有一個原因：他們認為這些神是自己神祇的從屬。

羅馬宗教的神祇，由於帝國主義的擴張、侵略，他們的信仰普及到各地，並時時吸取當地的神祇，久而久之，就形成單一的宗教。

精神王國的耶穌試圖把神權體制和政治體制分離，因此破壞了國家的統一，引起了內部分裂，使其一直處於動盪不安的環境中，並且遭到反叛族的迫害。

基督教原本是由無形的精神統治，但很快就轉變為最殘暴的專制政府。統治者和國家公民法律兩者間總會造成司法衝突，致使人民無法識別他是義務遵守公民的法律或出於教士的權威。

　　基督教精神澈底征服了歐洲及附近地區的人民，成為宗教的主導。宗教總是與政治體制緊密地綑綁在一起，以保持其完整性。

　　霍布斯是所有基督徒作家中唯一認清專制制度的罪惡、並及時提出改善措施的哲學家，他設想把一切帶回政治統一中，否則任何國家和政府的結構都不能完善。同時也認清了教徒間的利益總是強於國家利益，這些正確觀點因觸及了某些政治團體的利益而招人憎惡。

　　宗教社會可以把人分為兩種形態，第一種是神聖的自然法律，發自內心地對聖神的虔誠；第二種是在特定國家中建立正式的宗教，擁有自己的保護神祇。

　　除此兩種之外，還包括第三種宗教形式——即祭司的宗教，把人民放置在兩種法律互為矛盾的責任中，藉此混亂法律體系，使人民無法區別公民和信徒的差異。

　　三種宗教形式各有利弊，第三種明顯毫無有價值的系統；第二種的優點是統一對神的崇拜和法的熱愛；但這種宗教的弊端將使人民輕信錯誤和虛構，過度崇拜儀式過場，最重要的一點是使民眾產生排外和暴虐行動，甚至認為這是神聖的行為，這對於國家安全是非常有害的。

　　除了社會宗教之外，還存在一種人的宗教，這種宗教神聖而精誠，它認為所有人類都是來自於同一個上帝的孩子，彼此之間是平等的。但是這種思想並沒有把宗教、法律、社會三者統一為一體，而是引導民心淡默，在國家政權中缺少凝聚力。

　　有些人認為基督徒人民會形成最完美的社會。因為它完全是一種精神上的宗教，它關心的是天堂的事情，沒有國界之分。

　　若我們設想一個社會要保持和平及和諧，最好的辦法就是所有人都成為基督徒。倘若有一人內心不純潔，那他在不久的將來很可能會被驅逐，因為基督徒不允許隊伍中存在邪惡的人。

　　基督教徒不會願意擾亂公共和平、使用暴力和發生流血事件，因為他們是溫順的教徒，在他們心目中，「聽天由命」是靈魂的支撐者。

因為基督教徒的精神是服從和依賴，故真正的教徒是依服於暴君的奴隸，沒有半點反抗精神，他們似乎對此並不看重。

十字軍並不是真正的軍隊，充其量算是教堂的公民或教士們的士兵，正是因為基督教中不存在任何戰爭，因此他們沒有民族宗教之分。

社會契約在權利角度上，只有當臣民的服從符合社會統治者的意圖時，他們才會在觀念上對主權者負責。對於國家而言，讓每個公民都熱愛並對自己國家的宗教負責是相當重要的。

公民信仰的主要內容是由主權者創造的，它並非準確無誤的法律，而是易於接近人民群眾的社交情感紐帶。

在我看來，公民的不寬容與宗教的不寬容是有區別的，同時又是相互聯繫的。無論何時，當宗教的不寬容被人民所接受時，其結果就是主權者成為奴役，教徒們成為實際意義上的國王。

任何違背公民責任的教義，一旦被人民所容納了，那就可以肯定：這個國家是教堂，而統治者是宗教。因為這種教條只有在神權政府下才具有生命力，在其他政府統治下都是致命的軟脅。

█ 第五章　人類的不平等

盧梭認為，人類的不平等有其三個發展階段：富人哄騙窮人訂立社會契約，它保護富人欺壓窮人，這是不平等發展的第一階段；訂立了契約就需要有保障其實施的強力機構，權力的設立是不平等發展的第二階段，它確立了強者和弱者的區別；暴君政治的出現是不平等發展的第三階段和頂點，它確立了主人和奴隸的區別。

人類的兩種不平等

盧梭認為，人類存在著兩種不平等：自然或生理上的不平等，這種不平等是由自然造成的，包括年齡、心理、體力、健康狀況等因素的差別；倫理或政治上的不平等，這種不平等取決於一種契約，這種契約是經由人民同意確立的，往往會損害他人的各種特權，由某些人專門享有。

在我看來，人類存在著兩種不平等：

其一，自然或生理上的不平等。

這種不平等是由自然造成的，包括年齡、心理、體力、健康狀況等因素的差別。

其二，倫理或政治上的不平等。

這種不平等取決於一種契約，這種契約是經由人民同意確立的，往往會損害他人的特權，由某些人專門享有。

我並不準備在此探討什麼是自然的、不平等的起源，我也不準備說明這兩種不平等之間的人是否一定比受支配的人更傑出，我更不準備指出這兩種不平等之間的人是否體力、智慧、道德、才能總是與他們的財富、權力相一致。

我所要談論的內容是：在事物發展的過程中，什麼時候權利代替了暴力，什麼時候自然服從了法律，並解釋是什麼樣的奇蹟使強者決心幫助弱者、使人民決心以真正的幸福換取想像中的安寧。

研究過社會基礎的哲學家都認為有必要追溯到自然狀態，但沒有一個人真正做到了這一點。

他們之中的一些人認為自然狀態中的人具有正義與非正義的觀念，但他們從來不試圖去證明這一點，也不試圖去證明這一觀點對人類是否有益。

他們之中的另一些人則指出人類擁有保護屬於自己財產的自然權利，但他們沒有去解釋這個「屬於」的涵義。

他們之中還有一些人，一開始就給予強者統治弱者的權力，以此推演政府的產生，卻沒有考慮到「權力」與「政府」這兩個詞的意義需要多長時間才能夠在人類生活中建立起來。

最後，這三種人都喋喋不休地談論需要、壓迫、貪婪以及自尊。事實上，他們把在社會中獲得的一些概念搬到了自然狀態之中，當他們在論述野蠻人的時候，其描述的形象卻是社會中的人。

大多數人從未懷疑過自然狀態的存在。但是從《聖經》中我們可以很明顯地看見──人類的始祖亞當在從上帝那裡得到智慧和訓誡的時候，他就已經不在這個自然狀態之中了。

讓我們將這些事實放在一邊，因為它們無關乎我們所要討論的問題。

我們不應該將我們在這一問題上所做的探索當成歷史真相，而只能將其作為假設和有條件的推理，它適用於闡明事物的本質，而不適用於論證其真正的起因。

事實上，宗教要我們相信：上帝在創造這個世界以後，人類便立即擺脫了自然，人與人之間的不平等乃是上帝的意願。

然而宗教並沒有禁止我們只根據人類及其周圍存在事物的性質來進行推測，倘若讓人類自我演變，人會變成什麼樣子？這正是我要解答的問題。

因為這個問題涉及到一般人，故我盡可能採用適合用於所有民族的語言來詳細探討這一問題。

人啊！不論你來自什麼地方，也不論你的意見怎樣，請你仔細聽著，以下就是你的歷史，它不是你的同類中那些愛撒謊的人書中所寫的歷史，而是非常正直、真誠的大自然的歷史。

我所要談及的時代非常久遠，從你曾經的那個模樣看，你的變化是多麼地大啊！我將根據你所獲得的品質——習慣被削弱卻又沒有完全消失的品質——以及你所受的教育，來描述你這類人的生活。

我認為存在著這樣一個時代：在這個時代裡，個人會願意停留在那裡，你也會願意你的同類停留下來。你對你的現狀非常不滿，因為某些因素預示著你的後裔的不幸，你或許願意倒退回去。

事實上，這種意志必定是對你祖先的頌揚，也是對你同時代的人的批評，並且將使在你之後不幸的人感到恐懼。

從自然狀態來考察人

在本節中，盧梭從自然狀態來考察人。盧梭指出，在自然狀態下，野蠻人是孤獨的、無所事事的，且經常瀕於危險。可以說他們保存自己幾乎是他們唯一的注意事項，因此他們培養以防守和攻擊為主要目的的能力。相對地，那些僅由逸樂和肉慾而獲得進步的器官則應停留在粗糙的狀態。故野蠻人的感覺官能在這方面分開了，他們的觸覺和味覺極其粗糙，他們的視覺、聽覺和嗅覺則非常精細銳敏。

這裡我將從自然狀態來考察人。

概括而言，倘若我們從自然狀態中來對人類進行考察，我們將會看到：人類比許多動物更加弱小，人類也不如許多動物那樣敏捷，但從整體上來說，人類是所有動物中構造最完善的。

當森林沒有受到任何砍伐、從而覆蓋著天然肥沃的土地時，這樣的土地到處都是各種動物的避難所和提供食物的廚房。

人類則分散在各種各樣的動物裡，觀察與模仿各種動物的才能，於是人類具備了動物的本能。我不禁要讚嘆人類的智慧，其他動物只有牠們專屬的

才能，而人類能將其他動物的才能據為己有；其他動物只喜歡自己鍾愛的食物，而人類則從其他動物那裡學會享用各種不同的食物。故人類比任何一種動物都更容易獲得食物。

人類打小就習慣於季節嚴寒和酷暑的交替，從而使他們養成了吃苦耐勞的習性；人類在對抗猛獸時，為了保護自己的生命和食物，不得不迅速奔跑或赤手空拳與之搏鬥，這使他們擁有強壯的體魄和矯健的身姿。

而小孩一出生就遺傳了父母的優良資質，並透過後天不斷地練習來鞏固自己的資質，如此一來，他們獲得了人類可能獲得的一切精力。

實際上，身體是野蠻人唯一知道的工具，他們將自己的身體用在各種不同的用途。但今天我們的身體卻因為缺乏鍛鍊、以及我們本身有發明的才能，故我們不會擁有野蠻人身體的一些用途。

試想，如果一個人有了一把斧頭，他還會靠手腕去折斷粗大的樹枝嗎？如果一個人有了一個投石器，他還能準確有力地用手擲出石頭嗎？如果一個人有了一把梯子，他還能迅捷地爬到樹上去嗎？如果一個人有了一匹馬，他還能快速地奔跑嗎？

毫無疑問，如果給一個文明人足夠的時間，讓他用來收集周圍所有的器械，那麼他很輕易地就能夠戰勝野蠻人。

由此可以看出，能夠隨時使用自己一切力量的優勢是怎樣的，而對時刻準備各種意外事件的優勢又是怎樣的？

霍布斯非常肯定地說：「人類天生就是大膽的，並且只想著攻擊和交戰。」

但另一位著名的哲學家則持反對意見，他認為沒有比自然狀態中的人更膽小的了，即使是周圍極低的聲音或極小的動作，也能使他們全身顫慄，並隨時準備逃走。

事實上，對於自然狀態中的人而言，面對那些他們還未認識的事物時可能會出現上述情況。對此我毫不懷疑。當他們不能立即分辨出眼前的事物是否會對他們的身體造成傷害時，當他們不能將自己的力量與他們應冒的危險

進行比較時，他們會產生恐懼。但以上情況在自然狀態中是罕見的，因為處於自然狀態下，所有事物都按著單調的方式進行著。

但野蠻人因為分散生活在各種動物中，他們從一開始就必須與各種動物角力，故野蠻人很快就將自己與各種動物做了比較。當野蠻人意識到他們的機巧遠勝於動物，他們的力量大大超過動物的力量時，他們就不再畏懼動物了。

假設一隻狼與一個手持石頭或棍棒的野蠻人進行搏鬥，你將會清楚地看到，危險對雙方來說是同時存在的。在經過多次搏鬥後，狼將不太願意再去攻擊這個野蠻人，因為狼已經感覺到野蠻人的威猛。

除了機巧之外，人類還存在著各種各樣的優點。如奔跑方面，人類同動物一樣快捷，而且人類可以迅速找到可靠的避難所（如樹上），如此一來，當他們遭遇兇猛的野獸時，就可以躲到這種避難所之中。

這也是為什麼野蠻人不懼怕在森林遭遇猛獸的原因。

在自然狀態中，人類還有一些可怕的敵人，即幼年、老年和各種疾病。

幼年、老年這兩個弱點為所有動物所共有，而疾病這一弱點屬於自然狀態下和社會狀態下的人類所共有。

（一）幼年

關於幼年，自然狀態下往往是母親餵養幼子，這是一件艱難的事情。因為母親必須不停地奔波勞累，以便找到食物，但同時還要餵養其幼子。如果母親不幸死去，那麼她的幼子也有隨時死去的危險，這種危險是所有動物共有的。因為在很長的時間內，幼子無法自行尋找食物。

（二）老年

關於老年，老年人的動作少、消耗少、需要的食物也相應地減少。與此同時，老年人獲取食物的能力也降低了。由於他們所過的生活，使他們無可避免地患上了風濕病和關節炎，衰老往往是人類最無法挽回的痛苦，因為人類最終都將在衰老中死去。

（三）疾病

關於疾病，自然狀態中的人幾乎沒有病痛的泉源，他們不需要藥劑，也不需要醫生。事實上，人類與其他動物在這方面是相等的。我從狩獵者那裡了解到，他們在狩獵的過程中曾遇到許多受過嚴重創傷的動物，牠們的創傷已經轉變為疤；有的動物四肢或身上的骨頭曾經折斷，但後來又痊癒了。這不是因為醫生的治療，也不是出於任何護理，而是隨著時間的推移，是牠們平常的生活所致。總之，在社會狀態下，無論藥物的使用多麼有效，我們都可以確信，在自然狀態下的野蠻人一旦患病，他們就只能順其自然地等待痊癒。除了病痛之外，野蠻人可說是無所畏懼的。

我們千萬不能將在自然狀態中的野蠻人與社會狀態中的人相混淆。

事實上，自然對它保護的一切動物都有一種偏愛。

比如馬、牛、貓等動物，牠們在森林之中都比在家裡有更大的優勢，如擁有更龐大的身軀、更強壯的體質，也有更大的力氣、體力和勇氣。

當上述這些動物變成家畜的時候，牠們同時也失去了在自然之中一半的優點。我們可以說，人類對這些動物的飼養反而使得牠們退化了。

以上這一觀點，若套用在人類身上，我們便可以說：人類從自然狀態變為生活於社會中的人或奴隸的時候，他們就變得膽小、自卑和懦弱了，他們溫柔軟弱的生活方式使他們的體力和勇氣都退化了。這不是一種假設，而是一種非常明顯的事實。

此外，野蠻人與文明人之間的區別，比野外動物與家畜之間的區別要大得多。因為人所沉浸的各種安逸，一定比他所馴養的動物要多得多。這些安逸就是使自然中的人類劣化得更加顯著的原因。

住所的缺乏、裸體的狀態以及少得可憐的各種生活必需品，對那些自然狀態中的人類而言，並沒有多大的妨害。

倘若他們沒有長毛的皮膚，那是因為他們不需要它，因為他們生活在溫暖的地方；倘若他們生活在寒冷的地方，那他們便會將其征服的野獸的皮毛據為己有。

如果他們只有兩條腿奔跑，那他們就有兩隻手供給自己所需，以及很好地自衛。他們的孩子需要很久才會走路，但他們的母親會更容易攜帶他們，因為他們的母親可以用騰出的雙手抱著他們。

實際上，第一個為自己製作衣服和住所的人，只不過是為自己創造了一些不必要的東西，因為當時這些東西對他們而言並不是必須的，在沒有這些東西之前，他按照自己的生活方式生活著。

自然狀態下的野蠻人是孤獨的、無所事事的，且經常瀕於危險，可以說保存自己幾乎是他們唯一的注意事項，因此他們培養以防守和攻擊為主要目的的能力。

相對地，那些僅由逸樂和肉慾而獲得進步的器官，則應停留在粗糙的狀態。故野蠻人的感覺官能在這方面分開了，他們的觸覺和味覺極其粗糙，他們的視覺、聽覺和嗅覺則非常精細銳敏。

從形而上學來考察人

在盧梭看來，動物只不過是一架精巧的機器，大自然賦予牠意識，讓牠能為自己上發條，並且在一定程度上保護自己免受敵人的破壞或擾亂。而人和動物一樣，也是一架精巧的機器，但人與其他動物有一點不同——在野獸的活動中，自然是唯一的原動力，而人類則是以自由施動者的身分參與他自己的活動——野獸憑藉本能去選擇或拒絕，而人類則由自由的行為去選擇或拒絕。

在上一節，我從自然狀態或生理上考察了人，現在我將從形而上學來考察人。

在我看來，動物只不過是一架精巧的機器，大自然賦予牠意識，讓牠能為自己上發條，並且在一定程度上保護自己免受敵人的破壞或擾亂。

　　我認為，人和動物一樣，也是一架精巧的機器，但人與其他動物有一點不同——在野獸的活動中，自然是唯一的原動力，而人類則是以自由施動者的身分參與他自己的活動——野獸憑藉本能去選擇或拒絕，而人類則由自由的行為去選擇或拒絕。

　　因此野獸不能違背自然為其制定的規則——即使這樣做對其有好處；而人常常違背這些規則，結果使自己招致傷害。

　　比如說，一隻飢餓的鴿子會餓死在一個裝滿佳餚的盤子旁，而一隻飢餓的貓會餓死在水果堆上，假如牠們能夠嘗一嘗這些平時不吃的食物，牠們很可能會活得很好，但牠們根本沒想到去嘗試。

　　荒淫的人耽於縱慾，以致引發熱病和死亡，因為精神使感覺敗壞，當生理的慾望得到滿足後，意志卻仍然提出要求。

　　既然動物有感覺，那牠們也會有觀念，牠們甚至能在某種程度上將觀念組織起來。對此，人類與動物是相同的，唯一的區別只在程度的不同。

　　有些哲學家甚至主張人與人之間的區別比人與野獸之間的區別更大一些。

　　故構成人類與獸類之間的特殊區別，與其說是悟性，不如說是人類的這種施動者身分。

　　大自然支配所有動物，獸類服從這種支配，人類同樣也感受到大自然的影響，但人類認為自己可以自由地選擇服從或抗拒，正是這種自由的意識顯現出人類的靈魂與靈性。

　　雖然那些關於人類與動物的區別問題仍保有爭論的空間。但還有一種非常特殊的性質可以區分他們——即人類自我完善的能力。這種能力可藉助於各種環境逐漸開發人的其他能力，這種能力既存在於個體身上，也存在於全人類。

　　單就野獸而言，牠一生也改變不了其出生幾個月後就長成的那個模樣，而且牠的種類經過數千年的演化仍然保持著最初那個模樣。

但為什麼人類容易頹廢呢？是不是人類因此返回到他的原始狀態呢？是不是因為獸類什麼也沒有獲得，也就無所謂失去，所以始終保持著本能，而人則由於年邁或其他原因，喪失了完善能力使他獲得的一切，從而跌落到比獸類還要差的狀態呢？

可悲的是，我們必須承認，人類的這種特殊的能力造就了這樣的不幸。也就是說，人類的這種特殊而幾乎無限的能力成了一切不幸的泉源。

我們可以說，隨著時間的推移，這種能力使人類漸漸脫離了原本安寧、淳樸的原始狀態；也正是因為這種能力，在千百年來啟迪了人類的智慧，同時也導致了人類的謬誤，萌生出人類的善與惡，最終使人類成為他自己和大自然的暴君。

在大自然中，野蠻人只受本能的支配。更準確地說，自然賦予野蠻人某些器官卓越的能力，用來補償其本能上可能缺乏的東西。事實上，這些能力雖能在最初稍稍彌補缺陷，但不久之後，它就會大大地超過本能，將自己凌駕於本能之上。

故野蠻人的活動都是先從純動物性的官能開始的。觀看和觸摸必定是最初的生活狀態，在這一點上，人類和所有動物都是一樣的。願意和不願意、希望和害怕可能是人類最早的、也幾乎是唯一的精神活動，直到新的情況引起新的能力開發為止。

無論道德家們如何主張人類的悟性大大依賴於其感情，但大多數人卻認為，感情也大大依賴著悟性。

事實上，正是因為感情的活動，我們的理性才能夠得到完善；而我們之所以要求知，正是因為我們希望享受……

感情從我們的需要中產生，感情的發展來自於我們的認識。只有在觀念上有了這些事物，我們才能希望或恐懼這些事物。

然而，野蠻人由於缺乏種種智慧，僅具有這種最後的感情。他們的希望僅僅來自於其生理上的需求——在他們意識中，幸福就是食物、異性和休息，恐懼則是飢餓和疼痛。

在此特別說明，野蠻人並不恐懼死亡，因為他們並不曉得何謂死亡。事實上，認識死亡和恐懼死亡，是人類擺脫動物狀態時最早的收穫之一。

倘若有必要，我將用眾多事實來證明這種觀點，世界上各個民族在悟性上的發展，與民族的自然需求或自然環境迫使他們產生的需求、誘使他們去滿足這些需求的慾望相呼應。

我們從歷史的進程中看到，藝術就是在埃及興起並隨著尼羅河的泛濫傳播開來的。我還可以沿著藝術的進步歷程進入希臘，看到它在阿提卡的沙地和岩石上生根發芽、茁壯成長，卻不能在尤羅塔斯河肥沃的兩岸扎下根來。

除此之外，就一般而言，北方民族較南方民族更為心靈手巧，若非如此，他們將無法生活。

上述使我想起大自然也具有這樣的智慧，保持著某種平衡，比方說，它若不想讓人思想富饒，就會給人肥沃的土地。

接著我們再回到野蠻人的世界。

在野蠻人的世界中，彷彿所有的事物都在阻礙他們，以免他們擁有擺脫其所處狀態的願望和方法。

比如說，野蠻人的腦海裡無法產生圖畫，他們也提不出任何問題，他們的需求極少，且很容易就獲得滿足。

故野蠻人不可能深謀遠慮，也不可能有好奇心。

我對這一問題思考愈多，對純粹的感覺和最簡單的認識之間的差距也就愈大。實在難以想像，一個人孤獨地活著，不與其他人交流，不受生活需要的激勵，僅憑藉個人的力量就能跨越這麼大的鴻溝。

我們不妨發出這樣的疑問：

人類經過了多少世紀，才找到了來自天上的火？

人類經過多少次偶然的機會，才認識到了火的用途？

人類經過多少次不經意的嘗試，才找到了生火的方法？

又經過多久，生火的祕訣才沒有與發現者一起消亡？

此外，對於農業這種技藝，我又該說什麼呢？

農業需要太多的辛勤勞作，也需要太多的深謀遠慮，還需要太多的相關技藝——顯然它不會出現在野蠻人的社會中，而只出現在至少已經開發的社會中。

倘若我們假定有一個野蠻人非常聰明、非常開化，那麼其他野蠻人將從這個野蠻人身上得到怎樣的受益呢？若人類沒有固定的住所，也不需要互相幫助，他們散居在動物之中，一生很少遇見兩次，他們不相交談、不相往來，他們的自我完善與相互啟發又能達到什麼樣的程度呢？

請思考一下，人類有多少概念受益於說話能力的運用，又經過了多長時間才創造出語言。將這些思考與前面的思考聯繫起來，我們就可以看出，人類要經過多少時間才能真正在意識中產生思維活動。

談談語言

在探討語言時，盧梭發出了一系列的疑問：語言是如何變得必不可少的？語言又是何時開始確立下來的？……對此，盧梭在盡可能的情況下做了盡可能令人信服的探討，但對於以上問題，仍未能做出非常確切的解答。

以上，我隱約地談到了語言，在本節中，我將花少許時間談談語言產生時所遇到的困難。

開始探討時，我遇到了第一個難題——設想語言是如何變得必不可少的。

事實上，當時人與人之間沒有交流，也不需要交流，倘若語言變得必不可少，我就不可能設想語言發明的必要性與可能性。

有些人認為語言是在父母及孩子之間的家庭內的交際中產生的。我姑且這麼認為。

然而，這一假設不但沒有解決難題，反而犯了一個錯誤——當由自然狀態進行推論時，竟摻入了由社會狀態得到的概念。

　　這些人認知的一家人就和我們現在一樣：住在同一個屋簷下、保持持久而親密的關係，而且有許多共同利益將全體成員緊密地聯繫在一起。

　　但在原始的自然狀態下，人類沒有房屋、沒有任何財產，他們沒有固定的棲身之所，而是隨時隨地、在任何地方都可以過夜，且僅僅過一夜。

　　異性之間的交往也是根據偶然的機遇和慾望來決定的，他們之間要交流的東西非常簡單，並不需要用語言來表達，同樣地，他們的分手也很簡單。

　　母親給嬰兒哺乳，首先是她自己的需要，當母子相互熟悉之後，她才會為了孩子真正地餵養他。一旦孩子一旦能夠獨立生活，能夠自己尋找食物，孩子就會毫不猶豫地離開母親。在此之後，母親與孩子要想保持相認，除非他們一直形影不離，否則過不了多久，當他們再次相遇，就已經形同陌路了。

　　我們還應該注意到，孩子得表達出所有需求，所以他對母親說的話肯定要多於母親對他說的話。

　　故在語言的發明上，兒童的貢獻肯定是最多的，兒童所用的語言很大一部分都是他自己創造的，因此使用語言的人數有多少，語言的種數就有多少。

　　此外，人類流浪的生活使得語言更加變化無常，任何語言都無法固定下來。於是母親教會孩子一些詞，讓孩子使用這些詞表達自己的願望。

　　以上幾點並不能說明語言的形成過程，只能說明人類是如何教授已經形成的語言。

　　現在我假定第一個難題被克服了，緊接著，我又遇到了關於語言的第二個難題——語言是何時確立下來的。

　　實際上，第二個難題比第一個難題更難解決，這是因為，若我們說人需要靠說來學會思考，那麼人更需要先學會思考，才便於尋找說話的技藝。

　　我們必須知道，有一些概念出於沒有可以實際感知的對象，因此既不能用手勢、也不能用聲音來表達，那麼人類對於這些概念所約定的表達工具是什麼呢？

　　故對於語言這種特殊技藝的誕生，我們很難作出令人信服的推斷。

事實上，人類最早使用的語言，應該是人類自然發出的叫聲。這種叫聲是人類在緊急情況下本能發出的，如遭遇危險時的呼救、疼痛時的哀號，在日常生活中並不常用。

隨著時間推移，人類的思想觀念開始發展和變得複雜，當人與人之間建立起比較密切的關係時，人類就要創造出更廣泛的語言或符號。於是他們增加了聲音音調的變化，並輔以手勢，這些手勢極富表達力。

此時人類用手勢表達眼睛所見的物體，用擬聲表達耳朵所聽見的東西。但手勢表達存在著巨大的缺陷，就是幾乎只能表達實際存在的和易於描述的事物，而且使用範圍十分有限，至少在黑夜中和遇到障礙時無法表達，其次，手勢只能在人類注意到的視線範圍內表達。所以人類亟需使用清晰的音節來代替它。

雖然這些音節與某些概念沒有任何關係，但卻更有利於表達一切事物。但是這種表達只有在得到大家一致認同時才能進行，對於那些發音器官非常遲鈍的人而言，這種表達不可能實現。

既然要得到大家的一致認同，就必須先說明理由，那麼說話對於確立說話的用途似乎已顯得十分必要了，因此這種替代本身也很難理解。

我們可以認為，人類最早使用的詞在當時人的頭腦中的涵義，比在已經形成的語言中所用的詞的涵義廣泛得多。

我們可以認為，由於他們不懂劃分句子成分，起先會對每個詞都賦予一個完整句子的涵義。

我們還可以認為，起先每個物體都有一個特定的名稱，沒有考慮它的屬種，因為最早的創始者還不能對這些物體進行劃分。這些單個的詞全都獨立地出現在他們頭腦裡，就像大自然中的景象一樣。如把一棵樹叫做甲，另一棵樹叫做乙，因為人對這兩棵樹最初的概念是：它們不是同一棵樹。

另外，一般概念必須藉助詞彙才能被人的頭腦所採納。野獸之所以不能形成這種概念，其原因就在於此。

　　事實上所有的一般概念都是純理性的概念，只要稍稍加入一點想像，就會立即變成特殊概念。

　　所以我們必須用語言來形成一般概念。想像活動一旦停止，思考活動就只能靠語言幫助進行了。

　　對於語言創始者而言，如果他只能給已經擁有的概念命名，那麼最早的名詞就只能是專有名詞。

　　當最早研究語法的人採用我們無法理解的方法來擴充他們的概念、歸納他們的詞彙時，由於這些創始者知識貧乏，因而將這種方法局限在很窄的範圍內。

　　起先他們不了解存在物的屬種，創造的個體名詞太多；之後由於沒有考慮到存在物的種差，創造的名詞又太少。

　　事實上，要想作出明確、細緻的劃分，就必須擁有足夠的經驗和豐富的知識，必須從事更多的研究和付出更多的勞動。

　　即使是今天，人們每天還能發現以前從未見過的新物種，足可想像早先有多少物種被那些只根據事物最初的外表進行判斷的人忽略了。

　　對於那些原始的類別和一般的概念，就更是難以理解了，如他們怎麼能理解精神、物質、象徵、運動等詞彙呢？因為這些詞所表達的概念純屬形而上學，在自然之中得不任何對應的實物。

　　以上我對語言做了簡要探討，我發現了許多疑問，卻很難真正得到解決，這不得不說是一種遺憾。

　　但無論語言和社會的起源如何，有一點非常顯著——在使人具有社會性並使人與人之間建立聯繫方面，大自然所作的貢獻是極其渺小的。

　　我很難想像，原始狀態下的人為什麼比其他動物更需要同類？就算有人有這種需要，同樣難以想像其他人會出於什麼樣的動機，來滿足他的這種需要。我更加難以想像，即使其他人滿足了他的這種需要，他們是如何就一些條件達成一致的。

大家總是說，人類的苦難在這種狀態下是極其深重的。

倘若正如我已經證明的那樣，人類在經過無數的歲月才有了擺脫這種狀態的欲望和動機，那麼這一狀況也就只能歸咎於大自然，而不能將其歸因為大自然創造出來的人類。

在我看來，「苦難」一詞並沒有任何實際意義，只是一種令人痛苦的被剝奪狀態，是身體上或精神上的痛苦。

在此，我忍不住發出這樣的疑問：自然狀態和社會狀態的生活，究竟哪一種更令人難以忍受？

請看看我們的周圍吧，幾乎所有的人都在抱怨，我甚至看到有些人盡可能放棄享受生活，在法律的干預下，也無法遏止這種混亂的局面。

我不禁又要發出疑問：有誰曾聽說過，一個自由的野蠻人抱怨過生活或者自殺過？

讓我們拋棄虛榮，憑心判斷一下，真正的苦難到底屬於哪種狀態。

最後我要說的是，在自然狀態下，人類僅僅依靠本能就能獲得生活所需；在社會狀態下，人類必須擁有很高的理性才能獲得生活所需。

從道德方面來考察人

在本節中，盧梭從道德方面來考察人，對自然狀態下野蠻人的善與惡作了具體的探討。最後又從情慾的衝動方面對自然的人和社會的人做了比較，盧梭認為，野蠻人在這一點上可以說是非常幸福了！

在我看來，自然狀態下的人類，在起初他們之間好像並沒有任何道德關係，他們之間並不存在任何的義務，因此他們不可能是惡的，也不可能是善的；他們沒有美德，也沒有惡行。

首先要對「美德」和「惡行」這兩個詞作出解釋。所謂「美德」，即那些能夠幫助自我保存的性質；所謂「惡行」，即那些能夠損害自我保存的性質。

從自然狀態來到社會狀態，必須考慮以下問題：

在文明人之中，是否美德多於惡行？

是否美德給他們帶來的好處，比惡行帶給他們的損害還要多？

當他們知道彼此之間為善的時候，知識的進步是否足以補償彼此之間的惡？

他們對任何人都無善惡可言，與那些普遍隸屬於依附地位、不得不從對他們不負任何給予義務的人那裡接受一切義務的人相比，是不是更為幸福呢？

關於善惡，我並不認同霍布斯的結論。霍布斯認為人沒有任何善的觀念，所以天生就是惡的；而人性之所以邪惡，是因為他不知道美德。一個人之所以常常拒絕為他人服務，是因為在他看來，他沒有為他人服務的義務……

霍布斯在推論其所建立的原理時，本應該斷言，自然狀態是一種關心我們自我保存，而不損害他人的自我保存狀態，因為這種狀態最適合人類，也最適合人類保持和平。

但是霍布斯的主張卻恰恰相反，因為他將滿足許多熱切的需要不恰當地列入野蠻人對自己保存的關心中去，而這些熱切的需要卻是社會狀態下的產物。

霍布斯指出，惡人就是一個強壯的小孩。那麼究竟野蠻人是不是一個強壯的小孩呢？對此，尚需要我們作進一步的了解。

即使我們退一步來說，承認野蠻人就是一個強壯的小孩，那麼我們可以從中得到什麼有意義的結論？

倘若這個人，他強壯的時候和軟弱的時候並無差別，都是依賴著他人，那麼他還有什麼蠻橫的行為做不出來呢？

當他的母親太慢餵養他的時候，他可能毆打他的母親。

當他的弟弟讓他煩惱的時候，他可能掐死他的弟弟。

當他被別人侵害的時候，他可能會咬傷別人的腿。

他既強壯又是有依賴性的，這便是自然狀態下兩個矛盾的假設：當他強壯的時候，他就是獨立而自由的人；當他依賴別人的時候，他又是軟弱的。

霍布斯沒有認識到，自己的主張既避免了野蠻人像法學家所主張的那樣使用理性，也避免了他們濫用自己的能力。

大家說野蠻人不是邪惡的，他們只是不知道什麼是善。但這並不是知識的發展，也不是法律的限制，而是對於惡行的無知和感情的平靜在阻止他們為惡。同樣地，他們更不會知道惡行所得到的好處遠比美德所得到的好處來得多。

此外，霍布斯沒有看到憐憫的美德。

事實上，除了母親對其子女的愛、以及她們冒險保護自己的子女之外，我們不難觀察到：對於一個活的生物，馬也不願意踐踏；一個動物面對其同類的屍體，牠不會毫無憂慮地走過去；牲畜進入屠宰場時的悲鳴，反映了牲畜從其感受到的可怕光景中所獲得的印象。

自然的、憐憫之心的力量無疑就是如此，而這種憐憫之心在人類身上則表現得更加明顯。

我們可以說，自然曾將最柔弱的心賦予了人類，自然曾將眼淚交給他們。

我甚至可以肯定地說，憐憫之心是一種自然的感情，它調節著每個人的自愛之心，協助全體人類相互保存。

憐憫之心使我們毫不猶豫地去援救那些遭受苦難的人。

憐憫之心在自然狀態中代替了法律、習俗和美德，且沒有一個人試圖違抗它溫和的聲音。

憐憫之心勸阻了強壯的野蠻人，只要能在其他地方找到食物，他們就不會去搶劫柔弱的小孩或衰頹的老人。

憐憫之心以一個自然善良的格言——「你為自己謀利益，要盡可能減少對別人的損害」——來影響和感悟所有人。

　　回到自然狀態進行考察，我們發現野蠻人不太活躍的情慾同樣受到憐憫之心的抑制。

　　與其說他們是邪惡的，不如說他們是粗野的，他們寧願將注意力集中在防範可能遭受的禍害，而不願蓄意加害別人，這樣的人不會輕易和他人發生激烈爭執的。

　　因為他們之間沒有任何種類的交往。

　　因為他們從來不知道謙遜、尊敬、虛榮或輕蔑。

　　因為他們沒有真正的利益觀與正義觀。

　　因為他們將自己可能遭遇的暴行視為一種易於恢復的損害，而不視為一種應當加以懲罰的凌辱。

　　如果野蠻人爭執的目的不比食物更誘人的話，就很少有流血的結局。

　　在此有一種非常危險的情況需要說明。

　　在所有激動人心的感情之中，有一種是最熾熱、最激烈的，那就是異性之間的情慾。

　　這種情慾非常可怕，它冒著各種危險，克服重重障礙，狂熱的時候彷彿足以毀滅人類，而它所負的天然使命本是為了保存人類。

　　實在不敢想像，那些被放蕩的、獸性的、無羞恥的熱情所蒙蔽，每天以流血為代價，只為互相爭奪愛情的人們，將要變成什麼樣子？

　　必須指出，情慾愈是激烈，抑制情慾的法律愈為必要。但顯然今天的法律還不足以勝任。

　　事實上，即使法律能夠控制這種混亂，但若要求用法律制止那些沒有法律就不存在的禍害，這樣的要求是毫無意義的。

　　接著我們要區別戀愛感情中的生理方面和精神方面。

所謂「生理方面」，即引起兩性結合的一般慾望；所謂「精神方面」，即決定並使之專門固定在唯一對象上，或為了這一鍾愛的對象而對此給予較強烈的精力的慾望。

不難看出，精神方面的愛情是一種從社會習慣中產生的人為感情。因這種感情建立在野蠻人所沒有的某種價值和美的觀念之上，故野蠻人幾乎不具有這種感情。

可以說野蠻人在這方面是非常幸福的，他們對於能夠激動其感情和增加其困難的愛一無所知，如此一來，他們不容易感到這種情慾的衝動，故他們之間的爭執也會較少和不殘酷。

換句話說，野蠻人被動地等待著自然的衝動，並且無選擇、也不狂暴地順從著這種衝動。當這種需要得到滿足時，他們的整個慾望也隨之消失了。

關於戀愛

盧梭指出，愛情只有在社會狀態下而非自然狀態下才具有某種狂熱性。接著，盧梭將動物和自然狀態下人類的情慾作了比較。最後，盧梭總結了自然狀態下人類的生存狀況。

愛情無疑只在社會狀態下而非自然狀態下才具有某種狂熱性，且常常給人帶來極大的危害。

說野蠻人為了原始的情慾而互相殺戮是不正確的，這種觀點完全與事實相違背。

在動物世界裡，許多雄性會為了爭奪雌性而發生激烈爭鬥，春天的森林裡也常常會發出恐怖的嚎叫。

但我們不能因此推論人類也是如此。

雄性動物和雌性動物的比例有著明顯差異，它們發生爭鬥的原因有兩種：其一，雄性的數量遠比雌性多；其二，雌性拒絕與雄性接近的排斥期較長。

然而這些情況與人類都不相符，在一般的情況下，男性數量多於女性，但即使是野蠻人，女性也從來沒有出現過如其他雌性動物的排斥期。

除此之外，有些動物會整群地進入興奮狀態，這時會出現一個熱烈、喧囂、騷亂和爭鬥的可怕時期。而人類的情愛不會季節性地爆發，故不存在這種時期。

所以我們不能只根據動物的情況，就擅自推斷自然狀態下人類的情況也是如此。

關於自然狀態下的人類，我們倒可以得出這樣的結論：

野蠻人在森林中遊蕩，他們沒有住所、沒有語言、沒有技藝；他們不與人交際，也不與人爭鬥；他們不需要別人的幫助，也不會蓄意傷害別人。他們沒有感情，自給自足，只具有與他們的狀態相適應的意識和智力。他們只感到實際的需要，只留心他們認為必須注意的東西。他們的悟性也只發展到了有點自負的程度。如果偶然有所發現，他們也不會與別人交流感想，因為他們連自己的孩子都不認識。即使他們有所發明，那也將與發明者一同消亡。他們沒有教育，也沒有進步。一代一代毫無進展地繁衍下去。

我之所以花這麼長的時間和篇幅來探討這種假想的原始狀態，是因為我想要消除這些長久以來、根深蒂固的謬誤和偏見。

在我看來，必須掘其根源，將真實的情況展現在大家面前，我要用事實來說明，在自然狀態下，即使是自然的不平等，也遠沒有現代學者們所說的那樣真實、那樣有影響。

在使人類各個相異的差別中，有許多曾被認為是自然產生的差別，這不過是社會中的人所採取的生活方式和生活習慣的產物。

所以體格健壯或嬌弱，以及與之相應的力量強大或孱弱，往往取決於人受教養的方式是嚴酷或溫和，而不取決於人的原始體質。

人的思維能力也是如此，教育不僅使有教養的人和沒教養的人之間存在差別，即使都是有教養的人，他們之間也會因教育程度的不同而存在差別。

如果把社會狀態下不同地位的人所受的教育和生活方式的巨大差異，與食物相同、生活方式相同、做的事情也完全相同的動物般的原始生活比較一下，我們就能看出，自然狀態下人與人之間的差別比社會狀態下人與人之間的差別要小得多，人為的不平等必定會大大加深自然的不平等。

關於社會狀態下的奴役問題，我想聰明的人都能夠看出：只有當人類相互依賴，即人類的相互需要把他們聯繫在一起時，才能形成奴役關係。不先讓一個人落入離了別人不能生活的處境，就不可能使他淪為奴隸。而在自然狀態下不存在這種處境，在這種狀態下，人人都不受束縛，最嚴酷的法律也是一紙空文。

我在上述證明了：在自然狀態下，幾乎察覺不出不平等現象的存在，也幾乎感受不到它的影響。下一步我將揭示它的起源及其在人類思想發展中的演變過程。

圍起自己的土地

盧梭指出，因為土地私有制的出現，使得人類獲得了很大的進步，並且能夠運用新的知識和技巧，與此同時，人類的痛苦也隨著土地、氣候和季節的差異而帶進自己的生活方式。

文明社會的真正奠基者，是第一個人把土地圍起來，並對其他人說：這是我的土地，而那些受眾居然認可了他所講的話。

假使有人拔掉了圍地的木樁，並向同類人說：土地是所有人的，不屬於任何個人，大家共同享有土地上的果實。這一句話將會避免日後無數次的戰爭、罪行和殺害，避免以上活動帶給人類的苦難和痛苦。

隨著社會經濟的發展，一切事務的發展也一改往日面目，因為私有制觀念是由許多先天觀念演變而成，並非突然在腦海中形成的。

人類需要獲得許多知識和技巧，代代相傳，使它們不斷累積起來，以達到自然狀態的終點。正因如此，我們按照時間發展的順序，把那些緩慢遞嬗的事件和不斷積累的知識結合起來。

人類對自己生存的感情是最原始的感情，對自我保護的關懷就是最原始的關懷。

土地上生產的農產品、供給人類生活的必需品，這些物品本能地促使人類去利用。

生存、飢餓以及某種慾望的需求，不斷地促使人類利用各種不同的生存方式繁衍他們的種類。但因缺乏情感的溝通，兩性一經滿足，便相互離開，而孩子一旦能夠獨立存活，就與母親脫離關係，他們產生的是一種純動物的行為。

原始人最初和動物一般，只局限於單純的感覺，而不能向自然索取某些必需品。

但是人類在生活中必須克服某些困難，例如：採取高大樹木的果實；爭取食物與其他野獸，要想實現這一切，人類必須加強自身鍛鍊，使自己變成善於迅速奔跑、勇於戰鬥的人。

克服大自然的障礙，人類學會使用樹枝、石頭等自然器具，也學會了戰勝其他動物的技巧，與補償那些因為某些原因而不得不放棄的東西。

隨著人數的成長，人類的痛苦也愈多。土地、氣候和季節的差異要求人類具有一種新的生活技巧。於是人類在沿海、河等地區發明了釣魚，從而變成以捕魚為生的漁民；在森林地帶，人類創造了弓箭，變成了驍勇善戰的獵者。

因火山爆發、電閃雷鳴或是其他機會，人類認識了能防禦嚴寒的火，經過不斷的創新學習，人類學會保持火的不滅，接著又學會了生火，最後用火來烤肉和其他食物。

動物與人以及人與人之間，由於生活上的不斷接觸，人的心靈產生了某些知覺，比如大、小、強、弱、勇敢、怯懦以及其他無意識的對比，使得人產生了某種思考，甚至機械化地謹慎，為保障自身的安全而採取必要的手段。

　　我們不難理解發展中產生的新知識，這種知識使人具有某種優越性。人類千方百計地設置陷阱誘騙野獸，在無數次戰鬥中，人類降伏了力量比人大、奔跑比人快、對人類有害的動物，馴服牠們為人類服務。

　　經過此番觀察，人類第一次產生了自負感，雖然還沒有等級分別，但是他已經準備把自己列為最優秀的人。

　　雖然過去人類之間的關注不同現今這麼密切，但經過日積月累地交往和觀察，他就會看出同類之間、雌雄之間的相同之處，以此來推斷尚未發現的相同點。

　　在同樣的情形下，發現自己的行動與其他人相同時，可推知大家的思維方式和對待事物共同的想法和感覺，這種真理一旦得到證實，便會促進人際間的交往，這是得到自己利益的最好規則。

　　人類活動的唯一目的是追求幸福生活。由於共同的利益，他可以邀請同類的幫助，也因為彼此間的競爭，他不信任任何同類人。

　　正因為上述二種情況，他們可以結合成任何自由團體，也可以為了得到自己的利益而公開使用武力或智巧。

　　人類在不知不覺中獲得了相互間的義務以及這些義務優劣的觀念。但他們並不能預見這些顯而易見的利害何時會對他們有所要求，更不必說未來發生的，無人知曉下一刻會發生什麼。

　　在漫長的人類社會生活中，人的語言是經過無音節的叫聲、很多的手勢以及模擬聲音組合而成。

　　在各個地區經常對這種語言加上一些音節和約定俗成的聲音，就形成了許多不同地區的語言，但是這些語言是粗糙且不完備的，經過了歷史的衍變，才形成現今各族人民在使用的語言。

原始事物的進步

盧梭告訴我們，由於事物進步的情況不同，故發展起來的人與人之間的差異愈大，在效果上也會更加顯著和持久，並且在同樣的比例上開始影響人類的命運。

經過無數世紀的衍變，人類初期的原始進步幾乎不易被察覺，在此我用簡練的筆跡跨越了事物緩慢的演變過程。

智慧的發起、技巧的運用，使人類取得了更快的進步。他們用鋒利的石斧截斷樹木，製成小棚，並敷上一層泥土，於是形成住房。這是第一次變革，促進了家庭的形成和區分，於是私有制形式出現，爭執和戰鬥也應運而生。

能夠建造住房的人幾乎都是強悍的人，他們覺得有能力保護它。我們可以理解，弱者會模仿強者來構建他們的住所，至於已經有房子的人便不會占據其他人的住所，因為這樣難免會造成一場不必要的鬥爭。

最初的人類情感是一種新情況的結果，這種情況把丈夫、妻子、父母以及子女結合到一起，共同生活的習慣使人類產生了最溫柔的情感——愛情、親情、友情。

互相的信存和彼此之間的自由是維繫每個小家庭的唯一紐帶，於是男女兩性產生了最初的差別：女人經常負責日常的家居生活，照看老人和孩子；男人則負責外出尋求食品和生活所需。

兩性生活的安逸舒適使得他們失去了一部分的強悍性和氣力，這有利於他們集合起來，共同抵禦外來者的侵略以及野獸的侵害。

這種新情況使人類過著簡單而舒適的生活，彼此之間很少來往，因為他們的需求很有限，一些基本的工具滿足了他們的日常生活，所以他們享有更多的閒暇時光，安排各種不同的活動享受生活。

人類在無意間給自己帶上了一道枷鎖，同時也為後代種下了痛苦的種子。因為這種枷鎖會使身體和精神持續衰弱，一旦人類習慣了舒適的生活，就幾乎感覺不到樂趣，而視之為一種生存的需要。

　　日積月累，一旦得不到這種享受，人類會比享受這些快樂時更痛苦，當習慣成為自然時，一切就很難再改變了。

　　經過上面的分析，我們很容易理解語言的建立過程以及趨於完善的原因，甚至可以推測某種特殊的原因使語言的流通變得更加的必要，從而擴大了它的發展。

　　人類之間共同經營的生活與在大森林中流浪著的獵人相比，更容易形成共同的官方語言。據推測：大陸還沒有社會或語言之前，小島已經產生了社會，語言也隨之產生，並隨著社會的發展形成相當完善的模式。

　　由於人類有了比較固定的居住場所，散落在森林中的人類逐漸相互結合，組成某種集團，最終形成共同的民風和習俗。

　　這些是因為過著相同的生活方式、以同樣的食物為生、受著相同氣候的影響而形成的，並不是規章制度的硬性規定。

　　因為彼此間的相互聯繫，人類日益頻繁的交往變成了密切而持久的關係。人們經常不考慮對象就加以比較，不知不覺中產生了美麗和才能的觀念，特殊的偏愛也由此產生。

　　由於人類習慣了每日相見，一旦這種習慣有所改變，人類便會悵然若失。猶如溫柔的情感進入靈魂深處，一旦有小的誤會和衝突就會惱怒；猶如嫉妒隨著愛情出現，一旦愛情破裂，嫉妒就會造成流血的犧牲，嫉妒和愛情共同構築了人類的情感。

　　人類社會日益文明化，正是因為觀念和情感的推動；精神和心靈的相互作用。

　　聯繫增多，關係自然日益密切，人類習慣群居在住所前面或圍繞在樹周圍載歌載舞，享受閒暇的愛情和娛樂時光，這些成為他們日常生活不可缺少的事項。

　　日常生活的交往使人類相互觀望，這時大多數人共同關注的事物就有了一種價值。

　　能歌善舞的人、最有力量的人以及最具口才的人形成了最受尊重的人，人類因此走向了不平等的第一步，同時也走向了邪惡的第一步。

　　人類從這些最初的喜惡中產生了虛榮的輕視，也產生了羞慚和羨慕。這些原因導致人類定義了幸福或絕望的生活。

　　最初的禮讓是因為人類之間相互評論，彼此之間在心靈深處形成了互相尊重的觀念，每個人都認為自己應該被別人尊重，同時也應該尊重別人，所以禮貌、尊重由此而生。

　　尊重和禮貌使得一切的蓄意破壞都成為了侵略。和戰爭損失相比，侵害和破壞帶來的輕視受害者更讓人難以接受。

　　由於受到輕視，受害者要根據別人對他的傷害程度進行報復，於是人就變得好殺戰，這也是許多野蠻民族曾經有的進化過程。

　　人類在原始社會時的天性是溫和的，並不是天生就殘忍，那時他們只知道一味地防備威脅，而不會主動加害他人，所以洛克認為：沒有私有制的地方不存在不公正。

　　社會和人類之間建立的一切關係都要求具有人類的特質，這是區別原始社會的特點。

　　在法律形成之前，道德觀念是唯一的裁決者，故云純自然的善良不適合新社會的產生。

　　侵害增多必然導致報復行為日益加劇，此時報復的恐怖已代替了法律的制裁，儘管人類自然的憐憫心是介於原始狀態中的悠閒自在，和今日急遽的自尊心形成鮮明的對比。

　　這種狀態不易發生變革，同時也是適合人類發展的狀態，人類似乎生來就是為了停留在這個狀態，這個狀態引領人類走向完善的進步。

　　當人類滿足於自己建築的住所、局限於用荊刺和魚骨縫製獸皮衣服，以及致力把弓箭打造得更為精良和美觀時，這一切都需要靠自己動手完成。這

時他們過著自由、健康、快樂的田園生活，沒有等級之分，人與人之間無拘無束地交往。

相反地，當一個人不能夠獨立完全任務時，他必定會邀請同伴幫助，這時私有制出現了，平等自然就消失了。奴役和貧農不久就變成須用汗水來換取微薄收入的僱傭農。

正是因為冶金術和農業的發明，使人類的文明發生了巨大的變化。美洲野蠻人因沒有使用這兩種發明，所以一直處於未開化的狀態。與此相對，歐洲雖不算最早的文明，其發展過程卻很少中斷，文化化的程度也較高，這說明了歐洲不僅是產鐵最多的地方，同時也是產麥最豐富的地區。

人類對鐵的認識和發明、使用，至今仍無法考證，這就更難想像從礦藏中提煉某種物質，以及為了熔煉這種物質應做的準備。

人類發現火並不是出於偶然，而是透過模仿自然，從火山的突然爆發到噴出熔化的金屬物質，人類從中學會了冶煉金屬。

我們假設先前人類有這些智慧和勇氣來進行艱難的工作，並從中獲取一定的利益，足見當時的人類智慧比現今人類還高。

人類不斷從樹木和其他植物上採取食物，這對繁殖植物而言是一種快速獲得食物的方式。

當人類很智巧地應用銳利的石頭和帶尖的木棒，並在他們居住的周圍種上一些植物或蔬菜，經過長時間的觀察，他們知道：只有透過大規模的耕種才能夠獲得生產所需的勞動工具。

嚴格來說，要想從事農業生產技術，必然要先犧牲一些東西，接著才能獲得更多的東西，也就是說要做長遠打算，把目標放得更高、更遠。

人類致力於農業和各種技術的發明、應用都是必要的。自從人類發現了熔鐵和打鐵的工作，就需要更多的人來供給他們的生活。

　　隨著工人數目的增多，從事供給生活資源的人愈來愈少，但是消費生活資源的總人口數並沒有減少。且其他人需要用若干產品來換取鐵匠們的鐵器，這時另外一些人發明了增加鐵製品的生產祕方。

　　綜上所述，我們很容易理解農業上的耕種法和推廣金屬加工的製品。

　　私有制一旦被承認，那麼土地最初必然是以公正規則分派給大家的。因為大家都已經把目光放到未來，還怕由於損害他人利益使自己遭到報復。

　　這種思想很容易理解，只有自己創造的東西才能占有得心安理得。勞動才能給予耕種者更多的產品，同時也認可了土地本身的權利，連續不斷地占有同一塊土地很容易把土地轉化為私有。

　　農業在實踐以前，就被認為是「黛絲摩福里」，換言之，因土地的分配而產生的一種新權利就是所有權。

　　若社會以這種狀態平穩發展的話，一切事物在人類才能相等的基礎上可能始終是平等的。

　　但是這種平衡會因為強壯的人創造的工作多、靈巧的人從自己的勞作中獲取了較多利益等不同方式而有所改變。

　　不知不覺中，雖然勞作的時間相同，獲得的報酬卻大小不一，因而出現人與人之間不平等的關係。

人類的新情況

　　據推測社會和法律的起源，最初應該是給弱者施加新的桎梏，同時給予富者新的力量，永遠地消滅了天賦自由，並把保障私有財產和承認不平等的法律永遠確定下來，把巧取豪奪變成不可取消的權利。

　　由於事物的發展進入了一個展新的程度，各種技術、語言的發展也伴隨著一切事物而來，在這裡沒有必要重複讀者已經耳熟能詳的事例，只需要概括地描述一下人類新事物的發展順序即可。

此時人類的一切能力、記憶力以及想像力、自尊心、智慧都可能達到了最完善的程度，一切天賦的性質都已被發揮得淋漓盡致。

每個人的命運和等級是建立在財產的多寡和人類的利害衝突上，也與聰明、美麗、功績等性質的因素有關，只有這些性質才能引起周圍人的重視。

正是這些因素的影響，使得每個人都不自覺地利用這些性質，為了本身的利益，不得不將自己改變成引起他人觀望的目標。

顯然這種改變會使人產生浮誇和欺詐的詭計，也就是說，由於新的需求無盡，我們將不受自然和其他同類的支配。

換句話說，富有的人需要貧困的人的服侍；而貧窮的人需要富有的人的援助。這些需要造成一部分人變得奸詐虛偽，另一部分人變得專橫冷酷，一旦其他人不畏懼於欺騙自己，他便欺騙周圍一切的人。

最後的結果就是，永無止境的野心占據了人類的心靈，使得自己高於周圍所有人。這種人都有一種陰險的目標或嚴重的嫉妒心，他們往往把自己化身為善人的面具以便於達到目的。

這一切都是私有制帶來的後果，一方面人人相互競爭，另一方面存在利益衝突，每個人都隱藏著損人利己的私心，這些都是不平等的必然結果。

在尚未發明貨幣的時代，人類普遍以土地、家畜和現實財產來表示財富多寡。

當土地的面積和產量增加到一定程度時，有些人只能透過損害他人的利益來擴大自己的財產。於是軟弱的人失去了所有東西，只能從富人手中接受或搶奪生活必需品。

富人和窮人因財產和性格等原因，開始產生了統治和被統治階級。富人在統治奴隸時感受到制服的快樂，所以他們一心征服奴役，鄙棄其他快樂。

最強者或最弱者把他們自身的需要和力量都看作是對他人財產的權利，他們把這種權利看作所有權，我們很難想像，一旦破壞了這種平衡，後果將會如何。

由於貧富差距，使得富人要搶奪更多的財產，貧者也因生活的壓力變得更加脆弱。自然的憐憫和公正的聲音變得十分微弱，人類的貪婪和邪惡占據了上風。衝突無窮無盡，最終只能以戰爭和殺戮做終結。

新社會的產生讓位於可怕的戰爭，人性再也無法從曲折的道路折回，悲慘墮落的人性走向滅亡的邊緣，無法使自己獲得以前的榮譽。

倘若爆發戰爭，富人很快便會意識到戰爭對自己多麼不利，雖然生命上的冒險為大家共同承擔，然而財產上的冒險卻是他們要自己負擔的。富人的財產無論怎樣掩飾都無法抹去「暴力」二字，所以他們無法抱怨任何戰爭。

富人因為占據了超過維持自己生存需要的生存必需品而招致眾多人的反對呼聲，無論他們怎麼為自己辯駁，都抵擋不住全體窮人。富人與富人之間也因為嫉妒而不能團結對抗因搶劫而來的敵人。

富人由於形勢所迫，性格較深謀遠慮，他們計劃以削弱敵人的力量來為自己服務。首先把敵人變成自己的守護者，並向他們灌輸一些新的格言和制度，使他們沉淪於富人之手，衷心為富人服務。

無論社會是貧困還是富有，一旦所有人都武裝起來相互對抗，那麼任何人都無法得到安寧。這時富人會編出一些動聽的理由來誘騙窮人，如：建立人人平等的社會，每個人都維護公平與正義的準則，弱者與強者相互補濟。

總之，富人會製造出多種理由來誘導大眾，結合成一個至高無上的權力機構，用明智的法律保護富人的利益，並且防禦共同的敵人，使大家生活在看似和睦的社會中。

富人正是抓住了粗野人的某些弱點，例如：容易受騙、沒有判斷是非的能力、過大的貪婪和野心，於是責任的枷鎖就迎合了這些缺點，保障了他們的自由。

人類有足夠的智慧來察覺一種政治制度的優劣，卻沒有足夠的經驗預測這種制度帶來的危險。明智的人能夠預見其中的利弊，但是為了保證一部分的自由，也必須犧牲一小部分的自由來取得更大的益處。

法律的起源，據推測應該是給弱者施加桎梏，同時給予富者新的創造力量，永遠地消滅了天賦自由的條例，卻把保障私有財產和承認不平等的條例永遠保存下去，少數野心家由於利益的驅使而變得更加殘暴和專橫。

一個社會為了對抗外來侵略，必須聯合其他的力量，這樣一來，不久社會就會擴大到整個地面，人類無論走到哪裡，都不可能脫離這種枷鎖。

市民法已經成為公民的共同規則，不同的社會自然適宜不同的法律，在這裡自然法被稱為萬民法，透過協議的默認調整，人類之間的交往成為可能。

世界主義者擁有憐憫心，超越了各個民族的障礙隔閡，使得人類一切行為舉止都得到仁愛的包容。

政治組織之間由於一直停留在自然狀態，使得他們不久就想擺脫這種龐大的政治組織。因此，不難理解那些反人性、反理智的民族戰爭和報復，甚至把殺人流血看作美德光榮的事件。

這種文化氛圍很容易使得那些最正直的人也變成扼殺同類、還看作是自己應盡義務的人。我們能看到成千上萬人自相殘殺，卻不曉得他們為何這麼做，甚至連他們自己也說不清真實的原因，這就是人類分成若干個社會後所造成的最初結果。

社會制度

社會制度這一抽象的體制，貫穿於整個人類社會的發展史，有人說他起源於強者的征服，有人說他起源於弱者的聯合，但實驗證明，社會起初是由一些基本公約組織起來的。

不同的作者對政治社會起源有不同的觀點和看法，有的人認為它起源於強者的征服，有的人認為它起源於弱者的聯合，但我有自己的觀點。

首先，征服者與被征服者，在以暴力為基礎建立的投降條約，無論征服者的權利多麼強大，這條約本身便是無效的。更不可能有法律、政治、組織，從而形成真正的社會。

　　其次，在法律產生以前，人類若想使他的同類服從，唯一辦法便是襲擊對方，或者分配給對方東西。因此產生了「強大」和「弱小」的區別。隨著社會的演變，後來便有了「貧」和「富」。

　　最後我想說，制度是對其有利的人發明的，而不是對其有害的人發明的。例如「窮人」和「富人」，窮人對自己唯一的東西是非常珍惜的，絕不會輕意的放棄，而富人對自己的每部分東西是極其敏感的，它對自己的財產往往採取安全的措施。

　　人有時候只能察覺到眼前的事情，對於其他的事情，人只有在它出現的時候，才會察覺到、注意到。究其原因是哲學和經驗的缺乏。

　　對於新產生的統治機構也一樣，由於它是新生事物，沒有固定和較正規的形式去發展它，所以即使有賢明的立法者、英明的君主、忠誠的執行者，它的政治狀態仍舊有許多缺陷。

　　時間可以使人發現它的缺陷，並提出一些挽救措施，但卻永遠也補救不了組織本身性質的缺陷。

　　經驗能證明一切，經驗同樣地證明了社會這個組織是多麼脆弱，一般公約組織了社會模型。社會中的人約定並遵守這些社會模型的公約，並由一個以一定形式組合而成的集體對社會中的成員負責任。

　　經驗更證明了社會中違反公約的人是多麼容易逃避犯錯的懲罰。當犯錯的人想方設法地逃避法律的制裁，當社會的混亂讓人時時有不安感，人民才會省悟到──公共權力應當委託給私人。儘管這樣做非常的冒險，他們還是願意嘗試讓官吏去執行人民決議的任務。

　　老普林尼曾對圖拉真說：「我們之所以擁戴國王，是因為他能保證我們不做任何主人的奴隸。」這句話充分說明了，人之所以為自己找出一個統治者，是為了保護自己免受壓迫，為了維持他們的財產、自由、生命。

　　所有政治法則都有一個基本準則，有時圍繞著這個基本準則上下波動。這個基本準則是人民為了保衛自己的自由、不受奴役，甘願降服於自己的首領。在人際關係上，對於一個人來說，最大的不幸莫過於使自己受另一個人

支配。對於寶貴的權利，誰不想擁有？即使讓與他人，那人又該拿什麼等價的東西回報呢？所以說這是一種常識。

布拉西達斯在形容波斯波利斯的生活水準與斯巴達生活的不同時說，我知道這個故鄉的幸福，別人卻不知道我的故鄉的快樂。這番富有哲理的話告訴我們：人只有在親自享受自由、天真、美德的時候，才能更深刻地體會到它的價值。

它也某種程度上否定了政治家對愛好自由、哲學家對自然狀態所做的解釋。他們根據相似的東西判斷未來的東西，或根據過去的東西判斷未來的東西，這些做法是有違常識的。

人的天性是傾向奴役還是反對奴役，應根據自由民族為抵抗壓迫而作出的事跡決定。正如文明人無怨地帶著他的枷鎖，野蠻人從不向枷鎖投降，被奴役人民的墮落狀態不能決定人的天性。

討論「自由」是全社會共同的話題，無論是在痛苦中享受和平、安寧，還是為保存自己的財產而犧牲快樂、安寧、財富，一切的一切都源於社會制度的組織形式。

關於父權

巴爾札克曾說：「自由是人最崇高的能力。」在文明社會中，自由的價值顯得更為重要。對於父權來說，父權是文明社會中自由的產物。子女對父親並沒有服從的義務，有的只是尊敬的義務。

什麼是父權？依照自然法，父親在其子女需要扶助的時候，扶助子女長大，此時他是子女的主人。但過了這個時期後，便不再擁有父權。

父權有多大的功效？許多學者認為專制政治和整個社會都是由父權衍生而來的。透過「父權」的涵義，我們可以了解到：子女對父親並沒有服從的義務，有的只是尊敬父親的義務。故我認為「文明」社會是由父權衍生出來這一觀點是錯誤的，應該是文明社會給予父親相應的權利。

對於一個父親，他擁有自己的財產，有時這些財產是他維持子女對他的從屬關係的紐帶。父親能根據子女所盡孝道的多少，分配給子女應繼承的部分。但對於臣民和暴君卻沒有相似的關係。暴君剝奪臣民，算是公正；暴君讓臣民活著，算是施恩。

如果一種契約只約束當事人的一方，一切義務都由一方負擔，這種契約的有效力是非常難實現的。

如果我們從權利的角度去研究一些事實，專制政治的建立是有違人民意願、毫無根據和真實性可言的極不合理的制度。

巴爾札克曾說：「自由是人最崇高的能力。」巴爾札克一直主張，即使是國王，也應服從國家的根本法。為了取悅殘暴的主人，拋棄一切天賦中最寶貴的自由，這是多麼愚昧的行為。為了主人的意旨而違背造物主本意，這是多麼的墮落。

人和獸最大的區別是，人是有思想、有意識的動物，如果人失去思想、意識，完全受於被支配的狀態，那人和獸還有什麼區別？上帝這個萬能的造物主，看到這一切一定會非常的憤怒。

巴爾札克曾根據洛克的看法提出：「任何人不能出賣自己的自由，使自己受專制權力的任意支配。因為出賣自由就等於出賣自己的生命，任何人都不是自己生命的主人。」我要說的是，人類一出生便會享受到一種幸福，若是沒有這些幸福，生命本身便是一種負擔。如果把自己貶低到某種程度，他們的後裔也受到同樣的屈辱，他是沒有權利使別人也受到這種待遇的。

普芬多夫曾指出，人既可以根據協議與契約把自己的財產讓與別人，同樣也可以為了有利於某人而拋棄自己的自由。我不贊成他的說法，對此我也有自己的看法。

第一，如果別人濫用我的自由，利用我作為犯罪的武器，使自己去犯罪卻不會成為罪人，我是絕對不會容忍的；我容忍別人濫用我財產，也會把財產讓與別人，但我容忍不了那種冒險。

第二，物質財富與生命自由是不能相提並論的，物質財富隨時可以被人民處理掉，但生命自由很難隨意轉讓、拋棄。也許有人會問它們不是都屬於所有權嗎？可是所有權分好多種。一個人拋棄了自由，便貶低了自己的存在，拋棄了生命，便完全消滅了自己的存在。

第三，任何人無論以何種代價拋棄生命和自由，都是違反自然和理性的。對於子女而言，子女享受父親的財產，是由父親的權利轉移而來的，而自由則是他們的天然稟賦。對於奴隸制來說，它違犯了自然，也就是違背了客觀事實。

政府從何開始？我們無法回答。但政府一定不是從專制權利開始的，政府最初建立是對最強者專制權力的補救方法。專制權利實質上是政府腐化的結果，是政府的終極歸宿。所以專制權利並不是社會上各種權利的基礎，更不能看成人為不平等的基礎。

真正的契約

盧梭指出，人間有一種無形的契約，在某種程度上是一種真正的契約。它存在於不同的國家、不同的政府、不同的法律、不同的人，它時時刻刻約束著人的行為，制約著國家的命運，掌控著政府的發展，指導著法律的運行……

對於一個國家的全體成員，都有一個有約束力的根本法，這項法律規定著負責監督、執行其他法律的官員的權力。包括憲法所需要的一切特權，但不能涉及到它的變更。

人民也規定了，管理國家事務的官員會得到一定的尊重和榮譽，這也是官員在管理好國家事務上所得到的報酬。法律規定官員必須行使以下的權利。

第一，他們必須按照委託人的意思行使受託的權力。第二，必須保障每個人都能安全地享受他所有的一切。第三，在任何情形下，都必須把公共利益放在個人利益之上。

　　把每個人的意志結合成一個單一意志，而表現這個意志的條款就是具有約束力的根本法。國家構成的基本要素不是官員而是法律，故一個國家官職的設置和官員的權利常以根本法為依據。

　　在經驗被證明以前，憲法在國家管理中發揮的作用應是較好的。根本法不易被破壞，因為它有許多的維護者，一旦遭到破壞，官員便喪失了管理國家的合法地位，人民也就沒有再服從他們的義務。所以官員是根本法的最忠實擁護者。

　　就契約的性質而言，契約是可以取消的，棄權的權利以這為依據。更高的權利是為了保證締約者的信守不渝，迫使彼此履行一定的允諾。若有一方違背了契約中規定的義務或權利，便會拋棄這種契約的權利。我們所要研究的是人類的制度。

　　人類歷史的發展證明了，政府中不同的政權組織形式是由政府成立時存在於人民之間的差異產生。譬如君主政體國家，是因一個人在能力、道德、財富、聲望上的卓越，故被選為長官。貴族政體是一群彼此不分上下的人，他們一律被選。在民主政體國家中，由於人民的財產、才能並不平均，而他們距離自然狀態也並不遠，所以保持著最高的行政。

　　對於公民的自由，不同的人有不同的選擇，有些人只承認法律，也有些人聽命於主人，公民享受自由，臣民放棄本該屬於自己的自由。這便是公民與臣民的最大區別，也是財富與征服、幸福與美德的不同。

　　無論何種政體，它最初的官員都是由選舉產生的。只是隨著政權組織形式的發展，有野心的權貴利用這種情況，將君主職位永遠地留在自己家中，把自己當成國家的擁有者，和最初的情況相違背。

　　對於不平等的進展，可以分為以下三個時期，第一個時期是法律和私有財產權設定不平等時期。與第一個時期相對應的為窮人和富人的狀態。第二個時期為官職的設置，與其對應的是強者和弱者的狀態。第三個時期為專制權利時期，對應的是主人和奴隸的狀態。

　　對於這種進展的必然性，應當考察它實際採取的形式。

對於一個國家來說，如果任何人都不違反法律，任何官員都公正清廉，那這個國家政權組織機構裡的軍隊、法律、官員等職位便失去了意義。

對於一個政府，如果它不腐化、不腐敗、不貪汙、不浪費，總是按照自己該做的做，這個政府的存在便失去了它真正的意義。

對於一個國家的一項法律來說，如果法律的存在只為能時時刻刻體現它的約束力和嚴肅性，而不能從根本上改變一個人、教育人、指導人，那麼這樣的法律對國家的建設、發展沒有任何意義。

政治上的差別必然會引起人民之間的差別。人與人之間的差別又因社會分工的不同而凸顯出來，「窮人」和「富人」、「強者」和「弱者」都因各自的才能不同、境遇不同、欲望不同而有明顯的分工。

隨著分工的不同，不平等現象也隨之而生，官員與農民之間的不平等、士兵與犯人之間的不平等、統治人與被統治人之間的不平等，兩者之間雖只有幾個字的差別，卻折射出一個時代的身分地位。不同的人帶有不同的枷鎖，目的很簡單，就是把枷鎖套在別人身上。在某種程度上，這是一種無形的契約。

名望與權威

名望和權威能促使每個人都渴望別人讚揚自己。於是勞動的人拚命地工作、賺錢渴望出人頭地。人間最好與最壞的事物應運而生，美德與惡行由此而發。

人與人之間有一種不平等的現象——聲望和權威的不平等，這種不平等又被分為若干個分支。比較常見的是財富、名利、地位、權勢等。

在一個國家中，這個國家組織的是好是壞？治理得如何？上述的不平等種類是最明顯的標誌。在這些種類中，身分是根源，財富是基礎，名利是保障，所以每個國家的聲望和權威都是不可動搖的。

判斷一個民族距離原始制度的遠近和走向腐敗的進程，主要是透過這個民族所表現出來的聲望和權威。無數有野心的人追逐在同一個競賽場上，許

多人熱衷於聲望、榮譽、特權。這促使我們的欲望膨脹、嫉妒心昇華，每天都有無數的成功與失敗。

聲望和權威能促使每個人都渴望別人讚揚自己，於是勞動的人為了出人頭地，拚命地工作、賺錢。人間最好與最壞的事物應運而生，美德與惡行由此而發。

上面的論述可以匯聚成一本著作，著作中有人民與自然狀態中的權利比較，有因政府性質及時間引起的變革而呈現出不平等現象的揭露。

從書中我們可以看到，在國內常常被壓迫的人民大眾為了抵禦外來的威脅而作出奮鬥。我們可以看到受壓迫者無奈的呻吟，弱者的要求被看作判亂的怨言。最後那些法規出現，但不論是國家的保衛者成為敵人，還是工人不做工、農民不務農，都無法反抗壓迫者的權威。

有時領導人為了達到一定目的，採用違反理性、幸福和道德的措施。

你能見到人類為了財產和地位相互詆毀；你會看到原本團結起來的人民，因為金錢、名譽而離間；你會目睹到在和平、安寧的背後隱藏著一個充滿血腥的計畫危機。

暴君在混亂中出現了，腐朽的政治制度逐漸抬頭，國家的威嚴、法律的公正、人民的自由被不法者蹂躪、踐踏。

變革時期必然會有騷亂和動亂，一切都成了犧牲品，人民沒有了家園，國家沒有了法律，有的只是一個維權者——專制政治出現了。一切都是名聲和威望的禍根，是人心的欲望在行動。

不平等的頂點

人類最初的原始狀態，是不存在不平等現象的，是人類的產生、存在、發展打破了這一原本的自然狀態，不平等現象才獲得興起的力量，是私有制的出現以及專制政治的建立，這種不平等現象才得以根深蒂固。

　　不平等發展到一定的高度，便會喪失善的觀念、正義的原則。一切都成了強者的權利，在這種自然狀態下，純潔轉化為腐化、平等轉化為不公，臣民與暴君之間是主人與僕人之間的關係。

　　暴力能將一個普通人推上君主的地位，也同樣能推翻君主，一切事物都按照這樣的順序發展、變化。任何人都沒有抱怨別人的不公正，只怨自己的不幸。

　　自然狀態和文明狀態之間的距離有多大，恐怕沒有人能知道，即使是把人類從自然狀態引向文明狀態的人也早已遺失了曾經努力的進程。

　　在不知不覺間，人的心靈和本質有了變化，本性逐漸消失。

　　在事物的發展中，我們會知道許多倫理上和政治上的答案、不同的時代、不同的人。

　　由此可知，當時間長期的變化，人類的需求和樂趣也會隨之變化，在自然狀態逐漸演變為文明狀態的時候，在智者的眼裡，所有新生關係的產物，都是人和情慾的本源。

　　社會中的公民為了尋求一份工作，終日辛勤、奔波、流汗、焦慮著，為了生存，他們做自己不喜歡做的事情，說自己不擅長的活，他們以充當奴隸為榮，這一切成為了人類的悲哀。

　　野蠻人與文明人之間的內心世界是如此不同，對於文明人而言，幸福的涵義很豐富，而這一點也許便會使野蠻人陷入絕望中。在野蠻人的眼裡，自由、安寧便是幸福。像歐洲大臣繁重的工作與野蠻人的生活相比，彼比都不能理解彼此生活中的樂趣。

　　當一切都歸結為一種現象時，我們會感到驚訝，驚訝人類對善惡的冷漠態度，驚訝人與人之間道德與良知的無能為力。為了炫耀自己，擺盡了自己所有的榮譽、友誼、美德甚至惡行，這一切似乎都是榮譽的最佳要求。

人類的原始狀態本是一個透明的集體，是什麼使一切變得複雜而繁瑣、黑暗而朦朧？是什麼改變了人類本該有的天然傾向，並把它敗壞到如此程度？是社會的精神和由社會產生的不平等。

透過本文的論述可知，人類社會最初產生的自然狀態不存在不平等現象。是因人類的產生、存在、發展，不平等才獲得了興起的力量。是私有制的出現以及專制政治的建立，才使得這種不平等的狀態延續至今。

無論人類對自然法下的定義如何，我們對一切不平等現象都應有深刻的看法和理解，不平等現象只是對精神上不平等的認可。

下篇 論教育

　　盧梭宣揚自然主義教育思想，闡述性善論，認為人性有天賦的自由、理性和良心，順性發展就可成為善良的人，實現善良的社會。所以教育應受天性的指引，以培養自然人為目標。自然人的身心調和發達，體魄健康，感覺靈敏，理性清晰，良心暢旺；反之，封建教育造就王公貴族和國家公民，卻把人的天性窒息了，使天真純潔的兒童淪為社會傳統的俘虜，失去了善良的本性。

▌第一章　嬰兒時期的教育

　　盧梭在本章中論述了嬰兒時期的教育，即零歲到兩歲時的教育。他指出，兒童在母親懷中的時候，沒有任何心情，沒有任何思想，連感覺也幾乎是沒有的；甚至察覺不到其自身的存在。因此，教育應從出生開始。他寫道：「我們的教育是跟我們的生命一起開始的，我們的第一個教師便是我們的保姆。」盧梭認為，在嬰兒時期，教育的重點是身心的養護和鍛鍊，以保證兒童具有健康的體魄。

教育的意義

　　盧梭非常重視兒童的教育，他將兒童教育分為兩個方面，一是身體方面的教育；二是心理方面的教育。只有將二者巧妙地結合起來，才是教育的真正意義。

　　對於人類來說，當一個人還在母親懷中的時候，他便以不同種類的形式接受不同面向的教育。這種教育在人的一生當中是至關重要的。

　　當人從母體來到人間，便有了另外一種形式的教育。這種教育是同人的生命一道而來的。

　　我們在此，將這兩種教育稱為嬰兒時期的教育。

　　對於嬰兒時期教育的重要性，我們可以透過草木的例子加以論證。

　　當我們將一棵幼苗栽到土壤中的時候，我們每天給它澆水、施肥，為了讓這棵幼苗長成參天大樹，我們每天無微不至地照顧它。

　　對於人類來說，無論一個人生下來有多高多壯，他的身材、氣力在他學會使用人類工具以前都是沒有用的。

　　剛出生的嬰兒是軟弱無助的。他需要靠後天力量的培養，而這種後天力量便是嬰兒教育的重任。

　　嬰兒生來是無意識且愚昧的，他需要具備一定的判斷力和辨別力，而這種能力只能透過教育培養。

教育賜給我們思想、智慧、潛能；教育教會我們如何運用自己的肢體、語言、知識；教育同樣地教會我們為人處事和生存之道。在教育中，我們擁有了自己的人生觀、世界觀、價值觀，也讓我們從嬰兒長成了成人。

三大教育者

盧梭認為，教育的重點是教會人如何生活而非生存。人類的教育可分為三大類：自然教育、事物教育、人的教育。我們決定不了自然教育，也掌握不了事物教育，但能抓住影響人一生的人的教育。

人的一生中，教育或受之於自然，或受之於人，或受之於事物。才能、器官、肢體的發展源於自然的教育；如何利用自己的資源，是父母、老師、社會的教育；而經驗和經歷是事物教育的貢獻。

每個人都是這三種教育的結合體，三種教育中任何一方面缺失，我們會說這個人的教育是不完善的。因為三種教育在人的教育中擔當的職責是不一樣的。

對於我們來說，我們決定不了自然教育，我們只能在某些方面決定事物教育，而我們真正能得到掌控的是人的教育，這還是在一定的條件下。

如果我們把教育看成藝術。一個成品的藝術，需要天時、地利、人和外加三種教育的共同作用。

教育對我們來說有個難點，即你是把人教育成一個真正意義上的人，還是教育成公民？因受到自然和社會制度的制約，我們不能同時教育成兩種人。

人類的教育應當從長遠來看，立足於孩子的未來，我們不應只著眼於怎樣保護自己的孩子，而應教他長大成人後怎樣保護自己。

人終歸是要死的，不要總想著為孩子打算一輩子，那樣的做法是枉然。

關於教育的存在，最重要一點是教會他如何生活，不僅僅是呼吸、生存而是生活、活動。教授他們如何使用器官、感覺、才能以及其他東西。

生活的意義不是生命的長短，而是生活的感受。

人類時期受到制度的束縛，一生下來就被人困在襁褓裡，一死就被人釘在棺材裡。

自然教育可以使一個人適合所有的環境。所以窮人是不需要什麼自然教育的，因為他有環境的強迫教育，而富人則需要一定的教育。

由此可見，三大教育對嬰兒的健康、成長是多麼重要。

愛彌兒是一個典型受到良好教育影響的人，他的導師給予了這個孩子真正的教育。

對於他的導師而言，愛彌兒需要做的只有一點，就是服從。

對於周圍的人而言，誰也不要試圖去分開他們師生。因為他們把彼此一生的命運作為共同奮鬥的目標。

為什麼周圍的老師和學生常常出現以下兩種情況：一是老師心不在焉，二是學生不服管教。那是因為師生之間各人做各人的一套，各有各的想法。他們之所以在一起，完全是被某種因素勉強的。學生把老師看作兒童時期的災難，老師把學生視為沉重的負擔。

相對地，倘若師生之間能夠彼此尊重、互相愛護。學生不因和老師學習而感到羞愧；老師不因學生的無知頑皮而感到無奈，那才是一個良好的教育。

兒童到成年時，可以和老師成為非常好的朋友，老師盡心竭力地賦予學生種種美德、品行、智慧，到老年時，就可以享用其利益的基金，那是一件多麼美好的事情。

做為父親，當上帝賜予他家庭時，他沒有任何選擇，且不應有偏心，無論他的孩子是健康或殘缺、強壯或懦弱，他都應該將他們看成同一個寄存品而平等對待。

教育兒童時要習慣於讓他接受新事物、看新東西，這有利於培養他的勇敢。

一次，赫克托爾向安德洛瑪刻告別，他的孩子看到父親頭盔上飄動的羽飾，嚇得哭了起來。

作為父親的赫克托爾是這樣做的，他把頭盔放在地上逗弄孩子，然後玩弄羽毛，叫孩子也過來玩弄。最後，如果有人用手去拿赫克托爾的武器的話，乳母就該把頭盔拿起來，一面笑著，一面戴到自己的頭上。

我曾鍛鍊愛彌兒聽慣槍聲，我先在手槍裡點一個信管，那火焰的閃光會讓他感到欣喜，然後我再一步步地教他，直到他將長槍、大砲的射擊完成。

當理智使孩子開始感到恐懼的時候，我們就要用習慣的教育使他們振奮，讓他們無所畏懼。

就像孩子一開始不畏懼雷，可當他知道雷能傷人時，便會害怕害怕的感覺，這就需要教他們習慣。

生命力的表達

當生命力開始的時候，孩子的世界是空白的。當教育在不知不覺中作用於他時，他的思維、記憶力、想像力開始被啟用。於是孩子有了辨別力、感覺、意識……

生命的起初，記憶力和想像力是靜止的。孩子只是透過他的感官注意周圍的東西。

周圍的事物對感官造成影響，形成感覺，感覺是知識的原料，若要讓孩子產生有序的感覺，就需要培養孩子的記憶力，記憶力對這些感覺進行排序，供應他的智力。

新生的孩子對周圍的一切都是好奇的，什麼都想摸一摸、看一看、聽一聽，特別是將看、聽、摸的樣子進行比較。

學會了這些基本的本領，他們便會了解物體的冷、熱、軟、硬、輕、重、大、小、長、短等，並能夠感覺出種種性質。

對於孩子來說，他是沒有行動觀念的。不管物體距離他多遠，他都會毫無分別地伸手去拿。

因此，我們應該使孩子經常走動，讓他們感覺到地方的變換。

當孩子的意識能夠分辨遠近的時候，就要採取另外一種教育的方法，不應隨便把他們抱去想去的地方。只要他們的感覺沒錯，他們的行動就會改變，這種改變需要注意。

語言的開始

盧梭指出，孩子最初的語言是啼哭，雖然這種語言不是咬清音節發出來的，但那種聲音卻是抑揚的、響亮的、理解的，教育讓孩子發展了最初的語言，並形成現有的語言。

為什麼孩子常常會啼哭，這是由於，當別人的幫助對於滿足、需要成為必要的時候，孩子會因這種需要而產生不舒服的感覺。

世上有一種自然的共同語言是人人都共有的，這種語言便是孩子在懂得說話前的語言。

是我們現有的語言將那種語言代替了，以致我們常常忽視它。

雖然那種語言不是音節發出來的。但是，是有抑揚的、響亮的、可以理解的語言效果。

是誰教會孩子現今的語言？是乳母。因為乳母能聽得懂所哺育的乳兒說的話，懂得那些吱吱呀呀的字眼是伴隨著聲調的。

孩子除了具有聲語之外，還有一種表現在臉上的手勢語。

在孩子的臉上，你隨時可以看見閃電般的微笑、欲望、恐懼像流星一樣劃過。

和孩子的眼睛相比，他的面部肌肉是比較靈活的。他們的眼睛通常是遲鈍的。

所以說，孩子的感覺表現在臉上，感情則表現在目光上。

由於人最初是處於柔弱的狀態，他的各項器官尚未發育完全，故他不能辨別不同的感受，對於一切不如意的事情，對他而言皆是痛苦的感覺。孩子唯一發洩痛苦的方式便是悲泣和啼哭。

事實上，這些哭聲是構成社會秩序鎖鏈的第一環。

當孩子啼哭，證明他是感到不舒服，不能滿足某種需求。這時我們要找出他的需求加以滿足，或者哄哄他、輕輕搖他、唱個歌讓他入睡。人類剛開始的教育就是如此。

有些粗暴的保姆會因孩子啼哭而打他。但孩子的哭聲只會更大，對於這種年紀的孩子，他所有的怨恨、憤怒、失望都在那高昂的哭聲中表露出來。

我們需要小心對待孩子那種易於激動和憤怒的性情。

波爾哈維認為，小孩的疾病大部分都是痙攣性的，因為他們的頭按比例來說比成人的重，他們的神經系統比成人散布得廣，神經質的人最容易受刺激。

對孩子來說，僕人會讓他們感到惱怒、心煩。所以他們對孩子的傷害比空氣和季節、氣候危險一百倍。

如果孩子表示反抗或憤怒，那一定是孩子在意志方面受到阻礙而不是事物方面。

這便是為什麼生活在自由自在、無拘無束家庭裡的孩子，比生活在時時刻刻都干預他行為的家庭，更為結實、自信和勇敢。

在教育孩子的同時，要注意順從他們心意和違逆他們心意之間的差別。

孩子最初的哭聲是一種請求，如果我們不加注意，就會變成一種命令。

由於孩子最初是比較柔弱的，所以他們起先是依賴，隨後才是駕馭和使役。這一過程產生的原因在於我們的照顧。

當孩子不聲不響地伸手時，是因為孩子不能判斷他和東西的距離，他以為他搆得到那個東西。

當孩子又哭又鬧地伸手時，是命令你將東西給他。

兩種情況應採取不同的措施，前一種你可以把他想要的東西給他。後一種你就要讓他養成不命令別人的習慣。

當孩子要某樣東西時，我們要將孩子抱到東西面前，讓他自己拿，目的是讓他明白你的意圖。

▌第二章　兒童時期的教育

　　盧梭在本章中論述了兒童時期的教育，即兩歲到十二歲的教育。盧梭認為，兒童時期是理智睡眠時期，兒童的智力還處在感性階段；記憶力還帶有感性的特點。不能接受觀念，只能接受形象，沒有理性。因此這一時期的智育和德育應是消極的。他提出此時期的智育和德育不應操之過急，要適應兒童智力發展的特點。

童年時光

　　透過兒童時期的教育，愛彌兒雖然讀書沒有比別的孩子多。但他從經驗中學到了很多東西，具有很強的判斷力。同時也善於自己動手做事，而不受成規和習慣的束縛，在道德方面，已經具備目前狀況的道德概念。

　　如果孩子能夠用語言表達他們所受的痛苦或意願，他們自然而然就會減少哭泣次數，甚至不哭。

　　如果有的孩子生來喜歡無緣無故地哭鬧，最好的辦法就是讓他的哭聲得不到任何效果，這樣他就會很快地擦乾眼淚，停止哭泣。

　　倘若愛彌兒因為摔倒而碰傷，甚至流血，我不會像許多家長一樣驚慌地跑過去，反而要遲一些才去扶起他。這是因為傷痛已經發生，我們必須讓他學會忍受痛苦。

　　兩歲到十二歲是孩子開始學習勇敢精神的時候，在毫不畏懼地忍受微小痛苦中，漸漸學習如何忍受更大的痛苦。

　　愛彌兒是借由一切器具學會走路的，我們每天都把他帶到草地上，讓他自己跑、玩，跌倒了再學會自己爬起來。這樣一來，他就會在自由的活動中補償許多小傷，並且過著快樂健康的生活。

　　在第二個兒童教育時期，愛彌兒可以有個人的生活，他會意識到自己是一個有獨立思想的人。我們也應該像對待朋友一樣與他正常交往，而不是像對待兒童一般。

　　現在的教育，為了不可靠的將來而犧牲孩子快樂的童年，使他們牢牢地束縛在各種學習培訓班上，失去了自由、快樂地童年生活，這實則是一種野蠻的教育。

　　如果人有愛護兒童的仁慈之心，使他們快樂，並培養他們可愛的本能。請讓他們接受屬於他們自己的童年時光吧！

　　持相反意見的人，認為童年時期是改正不良傾向、對痛苦感覺最輕的時候。但是這種遠慮具有很多不確定性，例如你無法肯定目前的痛苦能夠解除將來的痛苦，也無法保證能真正醫治兒童的不良傾向。

　　自然的生活法則是依照自然法則對孩子進行教育。在能力和願望相稱的時候，給他們恰到好處的自由活動，而不是讓他隨意地使喚人，只要在幫助他的時候讓他產生一種羞愧感，這樣他就可以盡自己最大能力及早完成。

　　現在我們來談實踐，如果想讓孩子做與不做某事，別用理性來教育他們。因為「服從」、「命令」等理性詞彙對他沒有任何說服力，要用「需要」、「能力不足」來代替。

　　如果想讓你的學生服從你的安排，你在說服中就無意識地摻雜了命令、威脅的成分。事實上，要想讓他們服從你的安排，最好的辦法就是控制他們的自由，認清你比他們要強。

　　要是孩子放肆地任意破壞周圍的東西，我們最好把一切有價值的東西都拿走，這樣就算他們產生了破壞意圖，也不會造成什麼損失。雖然破壞已經造成，也不要懲罰、責備他們。最好不要讓他看見你心情的表情，最好的狀態是一言不發。

教育法則

　　盧梭認為，人生之中最危險的時期是出生到十二歲，這時最有用的教育法則是：「不僅不應當爭取時間，還必須把時間白白放過去。」此時的教育不在於教學生道德與真理，而在於防止心靈沾染罪惡。

從出生到十二歲是最危險的一段時間，在孩子沒有達到十二歲之前，不要教他道德、真理一類哲學的知識，而要防止沾染他們的心靈。

十二歲之後，他就可以理解理性，自然而然地變成一個聰明的人。

故這些期間不要讓感情、理智影響孩子，盡可能讓他自由發展，時間一到，他自然就知道自己應該怎麼做了。

孩子到十二歲時應該具備一些基本的概念，第一個是財產的觀念。

我帶愛彌兒到園裡種蠶豆、鋤地，因為他在這片土地上投入了時間、勞動，所以我說：「這裡的一切都屬於你，任何人來侵犯，你都要制止他們，保護自己土地上的果實。」

正是有了財產觀念，才使孩子認識到了權力和義務的關係，進而學會保護自己應得的東西。

我們應在自然和自由的情況下教育孩子，要讓孩子明白，撒謊會造成種種不良後果，並且直接落到他們頭上。

其實，孩子如果違背諾言或道德，也不是有意而為之，因為他們的年齡根本不具備善惡辨別的能力，即使他們做錯了事，也不要責備，更不要去懲罰。

每個孩子都善於模仿周圍的大人。孩子的慈善和大方並不是與生俱來的，而是從其他人那裡效仿得來的。

我並不希望孩子去模仿大人而享受種種稱讚，因為孩子應該有他自己的思維活動意識，不要把大人做的事看成小孩子也能做的，這樣會影響他以後的發展。

絕不損害別人，在道德上不僅適合兒童，同樣也適合各個年齡的人。這是一條看似平坦、實則艱難的路，需要好的性格和心靈共同構築。不要急於對兒童做好或壞的評價，因為這一時期屬於兒童理性睡眠。

孩子有感知的能力，但是缺少判斷是非觀念的能力。

他們記得聲音、形狀和感覺，卻無法理解概念、理智。所以他們所識別的知識都停留在感覺層面，也就是說，他們只能記住代表事物的各種符號，而不能明白被代表的具體事物。

孩子的記憶力是在不知不覺中形成的，他把周圍的所見所聞都記錄到大腦中，這樣就培養了判斷力。

為了培養這種能力，我們選擇那些他應該認識的東西，拿開他不應該知道的東西，這樣可以使孩子成長得更健康。

很難想像，愛彌兒到十二歲還不知道什麼是書，因為我從來不強迫他讀書、背誦課文，即使是那些最著名的寓言也不例外。

因為對於六歲的孩子而言，他根本就無法理解書本真正的寓意。大多數孩子最痛苦的事是背誦那些他們無法理解的課文。

即使我沒有強迫愛彌兒讀書，但是他不到十二歲就會讀書寫字了。因為他經常收到請柬，他需要找人讀給他聽，但是不是每次都能如願，有時等待時間太長，導致來不及參加活動，所以他開始學習自己識字，剛開始可能很費時費力，但不久就能明白那些單詞的意思。

身體訓練

童年的閒暇時光最好做些什麼？「鍛鍊」，因為它能為孩子打下良好的根基。這裡的「鍛鍊」主要包括兩方面：一個是身體的鍛鍊，另一個是感官的鍛鍊。

只有良好的身體水準，才能培養優秀的智慧。我所倡導的是無為才能一切有為，不要存心去改變一個孩子的行為舉止，即使這個孩子乖僻成性。例如，一個孩子曾用離家出走來威脅我，我便讓他走，然後請一個朋友在適當的時機給他一點教訓，事後我對他仍然照顧，從此他再也沒有說過相同的話。

為了使孩子將來不受疾病的折磨，有堅強的心和結實的肌肉。我們首先要培養他接受大量的體育鍛鍊，這樣可使他養成忍受痛苦的習慣，將來面對種種艱難困頓也能夠接受，並且勇於承擔生活的壓力。

　　兒童在發育過程中，應該選擇那些穿著舒適、顏色鮮豔的衣服，並不是衣料華麗精緻、漂亮的衣服。

　　為了增強孩子的抵抗力，使他的骨頭長得緊密，能夠抵抗外傷和寒氣，我將愛彌兒的衣服不按季節的變化而更替，這樣他的身體慢慢就會習慣天氣的變化。

　　我總是採取看似平常實則謹慎的辦法，預防孩子可能受到的傷害。每當愛彌兒因為運動口渴時，我便把他帶到稍遠的地方，使他身體先吹吹涼風，身體涼爽後，即使喝一些冷水也不會對健康有害。

　　養成良好的生活作息是必要的，自古以來我們就有日出而作、日落而息的生活習慣。但隨著社會的發展，一切固定不變的事物已經不復存在，很多時候我們需要打破舊有規則，以適應新情況的變化。

　　故我們須有意識地培養孩子適應在任何時間起床，甚至還要習慣睡在不好的地方，這樣就能夠習慣周圍環境的各種變化。

　　對於滅亡，我們無力改變大自然的選擇，我們能做到的只有讓大自然用它最喜歡的辦法來照顧孩子。

　　許多富有人家讓孩子去學騎馬，而不學游泳。他們認為游泳不是貴族活動，但我認為游泳可以在某些危險的地方進行自我救助。所以我讓愛彌兒在水裡像在陸地上一樣生活。

感官培養

　　在盧梭看來，人體的官能主要包括感官、觸覺、聽覺、視覺、味覺、嗅覺以及第六感，它們運行著人體的各項功能，並且指揮著身體的正常運行，所以我們應當從小培養孩子的感官，使他們具有良好的身體器官。

　　感官是我們首先培養、鍛鍊的官能，它指揮著一切體力。

　　觸覺是所有官能中遍布全身而意識清醒時從未中斷過的，因為視覺的因素，我們很少注意到觸覺的作用。最好的鍛鍊方式是透過在黑暗中玩遊戲來克服自然產生的恐懼。

要使觸覺敏銳還有另一個辦法——透過發音物體上的顫動，可以選擇大鍵琴來準確而有力的練習，這樣不僅能練習觸覺，也不會使手指變得粗糙不堪。

我希望愛彌兒每天都能赤腳在土地上玩耍，使他無論在什麼地方都能夠站立得很平穩。為此，我在他的腳板下放了一塊牛皮，不是為了保護他不受傷害，而是這個地方確實需要特殊照顧。

視覺判斷距離唯一的標準是——視角，所以我在平常有意識地培養愛彌兒，在跑步運動中學習目測。

我並沒有命令愛彌兒賽跑，而是把點心作為獎品讓獲勝者品嘗，於是愛彌兒便主動要求參加比賽，剛開始我有意識地讓他取勝，從此他便積極地參加，而且幾乎都會獲得勝利。

為了正確判斷物體的面積和大小，認識它們的形狀，我經常拿出實物和仿製品讓人們了解真正的內涵，以便於描繪地更加真實。我們經常把早期比較差的畫用精美的畫框掛起來，而最成功的卻用最樸素的黑框子來裝飾。

大多數人在學習幾何學時，總是先記住定理，然後進行論證。而愛彌兒卻是透過一些精確的圖形，自己發現其中的規律。

透過聽到的聲音判斷發聲物體的大小遠近，這是我們培養聽覺的主要方法。我們不能要求這一年齡的孩子體會他們從來沒有經歷過的情感，只能要求他們說話時吐字清晰、聲調流暢即可。

在眾多感覺中，味覺對我們的影響是很大的。我們可能忽視視覺、聽覺，但是卻無法拒絕嘗到的食物。

培養孩子的味覺，並不是讓他們養成考究味道的習慣，而是讓他們以自然狀態下的口味，滿足於簡單、普通的食物，例如蔬食類和乳製品等。

說完了視覺、聽覺、觸覺、味覺，我們再來談談嗅覺和第六感，這兩種感覺對童年時期不應過分注意，因為他們的想像還沒有受到刺激，情緒也不是很豐富，無法正常運用這兩種感覺。

毫不誇張地說，愛彌兒在同齡的孩子中是比較出類拔萃的，他擁有自信大方的神態、天真明亮的眼神、健康頑強的體魄以及豐富活躍的思想。正是因為兒童時期以科學的教育培養他，才會有今天的愛彌兒，他不僅擁有同齡人享有的快樂童年，同時也得到了大自然給予他的聰明才智。

第三章　少年時期的教育

　　盧梭在本章論述了少年時期的教育，即十二歲到十五歲時的教育。他認為少年時期的孩子，身體強壯起來，理性開始發達，對事物有了初步辨別的能力，並透過感官的感受獲得了一些經驗，因此可以進行智育和勞動教育，使孩子發展思維能力和學習各種知識。他寫道：「這個時期是孩子體力的巔峰，除了滿足欲望的需求外還有剩餘，所以現在是工作、教育和學習的時期了。」

少年時期

　　盧梭指出，當兒童進入到少年時期時，我們要教他在這個年齡段所要知道的知識，而不是枯燥的、沒用的書本知識。

　　幼年時期的孩子很柔弱，但隨著孩子的身體逐漸發育，到了他現有的力量滿足基本需求後還有剩餘的力量時，稱之為童年。

　　如果把他看作成年人，他還很柔弱，但作為兒童來說，他已經是非常強壯了。

　　當一個幼小的生命成長到十二歲的時候，雖然他的器官還處在沒有發育完全的狀態，但是這並不影響他什麼。

　　他可以無憂無慮地在這個世界上生活著，沒有任何的煩惱，想做什麼就做什麼，沒有什麼事情能影響到他。他的精力總是那樣充沛，人的一生中只有這個時期的人類才會這樣。

　　人類的大腦被開發的智慧是有限的，我們不可能知道天下所有的事物，也許有的人連其他人都知道的事情也不明白。我們在授予孩子知識的時候，要讓他學到有用的知識，而不是學後卻無用的知識。

　　在這樣有限的知識中，不要讓沒有經驗的、對這些知識有錯誤想法的人來教育孩子，更不要拿那些要有十分成熟理解力才能懂得的知識來教孩子。

這樣看來，你已經可以把你所知道的知識縮小範圍，可對於孩子而言，還是有些遼闊。就像孩子學習以後不會在生活中用到的知識，這些學科把我們推進了知識的陷阱之中。

你和孩子都應該保持清醒的理智，不要讓驕傲迷人的煙霧矇蔽了雙眼，無論何時都要記住，一個人無知並沒有什麼，可怕的是他受謬誤毒害走上迷途。這一切不是他的無知所造成的，是他自以為有知而造成的。

人都有好奇心和求知欲，當孩子的好奇心突發時，我們要很好地引導他。

好奇心能夠得到滿足的知識，但我們要區分哪些知識是偏見，哪些知識產生於自然。

求知欲為兩種：一種是對周遭息息相關事物感到好奇的求知欲；另一種是人天生就有渴望幸福的欲望，當人類不能滿足這種欲望時，就會透過其他途徑來滿足，這也產生了探索的求知欲。如果有個科學家帶著他的儀器和圖書到荒島，他絕不會再研究什麼，哪怕最偏僻的角落，這就是好奇心使然的結果。

培養科學興趣

盧梭認為，在教育孩子時，我們的職責是激發他們的好奇心，世界就是孩子的書本，讓他們在大自然中尋找他們好奇心想知道的答案。

地球上最引人注意的就是太陽，如果我們離開了對自身的關注，看到地球上的物體那是必然的。

人類可能會驚訝於自己善變的程度，這種善變是因為體力發展和思想關注不同的結果所導致的。故當我們沒有接觸到世界上的知識時，我們的思想無法超過眼睛所及的範圍，我們的理性行為也只能在這一範圍中活動。

在最初的思想活動中，我們總把感覺作為嚮導，我們也經常想把感覺作為觀念，但我們不要憑感覺去做些什麼，不要讓感覺掌控我們的思想。

世界是我們的書本，事實將告訴我們該怎樣做，就像讀過書的孩子並不是運用他們原本的思想，而是從文句中得到的知識。

我們在教育孩子時要激起他的好奇心。你只是提問，讓孩子從自然中找出答案，而非由你來告訴他答案。不用教他科學知識，要讓他去探索出答案，不要用你的權威告訴他，那樣他的理性也將泯滅，他最終會成為犧牲品。

讀到這裡你可能恍然大悟，你想教孩子地理，於是弄來了地球儀和地圖，你認為這樣孩子就能探索到他想要的地理答案嗎？我會肯定地說：「不可能。」你應該讓他看到原物。

在一個黃昏，我和我的女兒去了一個景色優美的海邊。在那裡，我們看到了日落大海融為一體的美麗景象。

幾乎所有老師都會讚美這樣美麗的景色，並說出來讓孩子也去感受這份愜意。想讓孩子和他有一樣的感受，這是多麼愚蠢的做法。自然景色的景觀都是存在人類心中的。

雖然孩子看到了，但他並不懂得景物之間的關聯，因為他還沒有取得經驗。他什麼都要親自實踐才會得到，如果你不曾帶他到這個大自然中感受這番鳥語花香，他怎麼會陶醉其中呢？

當我們對這個階段的孩子講話的時候，要清晰、直接和平靜，他們還太年輕，無法明白你所形容的事情，以及你咬文嚼字說出話的意思，這些對他們而言還太早了。

你要做的是把他帶到大自然之中，讓他的好奇不斷地被調動起來，而問題可以是你提出的，答案讓他自己去尋找吧！

當我同女兒看到太陽落下，海天一體時，我會問她：「妳看到了什麼？」我沉默了一會兒，又對她說：「太陽昨天晚上從那裡落下，今天卻從這個地方升起，這是怎麼一回事呢？」

這樣她肯定有許多的問題要去思考，如果她想等待我的回答，我將引導她去尋找到她想要的答案。

　　這就是我給女兒上的第一堂宇宙課，我絕不會強迫她去關注什麼，所以我給她上完第一課後不會很快地講到太陽的運行和地球的形狀。但是女兒所觀察到的一切有助於為天體運行原理這樣的知識進行鋪墊。

　　如此一來，從地球的自轉講到日食和月食的計算，和理解日夜更替的道理相比，雖然花費的時間較多，但花費的氣力會相對較少。

　　我教孩子地理時，是從對立的兩點開始的，把地理大發現和地球的各個部分（我們居住的地方）聯繫起來。

　　在科學研究時，是用綜合分析的方法，儘管有些仍存在一些爭論，但我覺得不用取捨。如果同時採用可以形成相互驗證的作用。從兩個對立面出發，卻殊途同歸，肯定能令孩子感到驚奇。

　　我在地理課所講的兩個點，被一個學生用於住家所在城鎮及他父親的鄉間別墅，並去觀察這兩點之間所有地區的河流，最後他觀察了太陽的位置，使他能夠確定方向。

　　我試著讓他自己畫出一張地圖，非常簡單的地圖，起先他只畫出了兩個地方，接著我引導他把所看到的事物都加上去，這樣我就教會他使用眼睛做羅盤，這會給他留下很深刻的印象。

　　我不會教我的孩子過多知識，但要讓他的腦海裡有清晰、確切的觀念。假如他一無所知，那也沒有關係，只要他不要在思考上出現問題就可以了。

　　我只在他的腦中放置真理，讓他不要被謬論所引導。如果你不從生活中去體會科學、探索科學，而是抱著一本關於科學方面的書來讀，你會發現你看不懂，有些人不管什麼知識都要學，但是最終都徒勞無功。

　　人在幼年時期的時間應該是最充裕的。可在現今這個競爭激烈的年代，又有多少時間讓我們的孩子去做一些有益的事情呢？其實教育孩子的目的不在於把他培養成多有學問的人，而是要培養他的愛好和對科學的興趣，若這種興趣發展良好，你就可以教他研究學習，但這一切都是教育好他的基本原則。

有用原則

　　盧梭說：「我們費盡心機想讓學生知道『有用』這個詞語的涵義，但為什麼要讓他知道呢？我們只不過多一個管理他們的手段而已。只要他能清楚看到它對現在的效果，他就會對這個詞產生深刻的印象。」在盧梭看來，「這有什麼用處？」是一個神聖的問題，也是教育中一個非常有用的原則

　　當孩子有了足夠的判斷力，並對自己有了足夠了解的時候，我們不得不更加關注他職業選擇的問題，而他也知道自己想要些什麼，並且知道什麼更適合他。

　　這時他具備了區別工作和遊戲的能力，並把後者看作是前者的消遣。這時可以拿一些真正有用的東西給他研究，並要求他更加勤奮地投入，而不能以簡單的遊戲來對待。

　　我們必須有遠見，遠見也存在好壞，人類所有的智慧或不幸皆因遠見而起。當人類發現自己不喜歡做某件事，他就會用到需要的法則，而不會去做其他更不喜歡的事情。

　　當兒童能夠知道自己需要什麼的時候，他們就已經知道時間的價值了，這時他們的理性也取得了重要進展。此時，最重要的是讓他們慣於把時間花在他們理性能夠理解的有用事物之上。

　　所有關於道德秩序和社會習慣的東西都不應該告訴他們，因為他們還沒有理解這些東西的能力。不能讓孩子照別人的話做——除了他自己覺得對他有益處的事物以外，其他事物對他而言都是沒有益處的。當你經常要他去做非他的理性所能理解的事情時，你自認為富有遠見，其實你根本不懂什麼是遠見。

　　你拿一些也許永遠也用不到的、無用的工具去裝備他，就是不讓他使用人類的萬能工具——常識。你讓他習慣於聽從他人的指揮，成為他人手中的工具。你使他小時候就非常柔順，他長大後就容易輕信他人和受騙上當。

　　如果你盡量教孩子學習在他那個年齡看來是有用的事物，你將發現他的時間是被充分利用的。

　　你為什麼硬要讓他去學習他理性還不能理解的東西、去學習那些目前對他有害的東西呢？

　　你或許會說：「等到他需要用的時候，哪裡還來得及學呢？」

　　來不來得及學，我不知道。不過就我所知，要提早學習是不可能的，因為我們真正的老師是經驗和感覺，一個人只有在他所處的情境中才能清楚察覺什麼東西是適合自己的。

　　小孩子是知道他注定要變為成人的，他所能理解的成人生活的理想就是他教育的誘因，但他所不能理解的其他方面，就不應該讓他知道。

　　我們費盡心機想讓學生知道「有用」這個詞語的涵義，但為什麼要讓他們知道呢？我們只不過多一個管理他們的手段而已。只要他能清楚看到它對現在的效果，他就會對這個詞產生深刻的印象。

　　「這有什麼用處？」是一個神聖的問題，對於我和愛彌兒之間，對於我們生活的所有情境，這都是一個決定性的問題。

　　這是我對他所有問題的回應，以此來阻止他問一些愚蠢問題，而很多人會不斷地被這些問題糾纏。

　　你看，我已經把多麼有力的工具交給你對付學生了。因為他找不到什麼理由，所以你可以任意讓他不吭聲，這時你大可利用自身的知識和經驗，向他指出所有你告訴他的事物的用處！

　　不過，也不要錯誤地利用這一點，因為他可以用同樣的方法對待你。故你要確保他將來不會對你要他所做的事情提出：「這有什麼用？」

　　有誰會對喋喋不休表現出濃厚的興趣呢？所以不要再用這種方法說下去，年輕人根本不會聽，這樣的長篇大論他也記不住，所以別將我們的精力放在絮叨上，而要用實際的事物來告訴年輕人。

　　我不提倡華而不實的教育方式。如果我和我的學生正在研究太陽的運行和如何確定方向，我最得意的學生愛彌兒突然問我研究這些有什麼用處？我

想大多數人會建議我滔滔不絕地發表我各種各樣的言論。包括旅行的好處、商業的利益、各地的特產等所有我知道的知識。

如果我那樣做的話，愛彌兒肯定聽不進去，除非他害怕打擾我、怕我生氣，假裝聽懂了我所表述的一切。這樣的教育起不了任何我想要的效果。

愛彌兒並不是從我的高談闊論中得到知識，而是從大自然和實踐中探索到的。

我帶著學生去觀察蒙特莫朗西鎮北的位置時，愛彌兒覺得這有什麼用呢？根本在生活中用不到。

我並沒有給予他答覆，而是約他第二天早飯以前去散步，可我們卻迷失了方向。

在飢渴交加、疲憊不堪的時候，愛彌兒不禁哭泣起來，我撫著他的頭說：「哭泣並不能解決問題。」並提醒他：「看一看錶，現在是幾點？」

「十二點。」他說。

「很好。」我說道。

接著我引導他：「昨天我們在蒙特莫朗西鎮觀察這個森林位置時也是十二點。」

這時愛彌兒突然說：「這樣的話蒙特莫朗西鎮應該在森林的南邊。」

我接著問：「我們怎麼確定南北呢？」

「根據陰影的方向。」愛彌兒答。

最後我們根據這個方法找到了蒙特莫朗西鎮。

《魯賓遜漂流記》的影響

在盧梭看來，《魯賓遜漂流記》雖非名著，卻對自然進行了最滿意的論述，而這樣一本書不會把孩子的趣味破壞掉，而是始終給予他歡樂。

關於少年時期的教育，我不贊成讓這個階段的孩子從枯燥的書本獲得他們需要的知識。

那我們還有什麼辦法能把書本中的東西展示給孩子？

如果我有什麼神奇的力量，我一定會創造一種環境，能讓他們自主地、有興趣地去學習，並且激勵他們學習。

《魯賓遜漂流記》是我讓愛彌兒讀的第一本書，它既不是亞里斯多德的名著，也不是老普林尼的，更不是畢豐的。它就是這樣一本非名著的書，但在我看來，這本書對自然進行了最滿意的論述，這樣的書不會破壞愛彌兒的趣味，而能始終給予他歡樂。

《魯賓遜漂流記》一書講述魯賓遜如何在沒有同伴、沒有任何工具的荒島中去獲得食物，且他還在這個孤島上快樂地生活著。

任何年齡層的人都會從中得到啟發，我們要用各種方法讓孩子感到有興趣。雖然書中描述的環境不同於我們現實中的環境，更不屬於像愛彌兒這樣的環境。

我們要讓孩子透過這個故事了解，如果處在一個與世隔絕的環境裡，要效法魯賓遜的精神。

對於這個年齡階段的愛彌兒而言，他會從這本小說中得到休閒和教育，尤其是書中魯賓遜在荒島遭遇船難到最後一隻船把他載離荒島的故事。

我希望他忙得不可開交，希望他兢兢業業地管理他的樓閣、他的羊群和種植作物，希望他不是從書本上而是從經驗上學習，從在同樣的情況下他需要知道的一切事務中學習，希望他認為他就是魯賓遜，想像自己穿著一身獸皮，戴一頂大帽子，佩一把大刀，帶著奇奇怪怪的東西，就連他用不著的那把雨傘也隨身攜帶。

我希望他能關注缺少什麼東西時應該採取什麼措施，希望他研究一下小說中的主角是怎樣做的，探討一下那位主角有沒有其他疏忽的地方，哪些事情還可以做得更好。你可以確信，他會為自己計劃、修建一個相似的房屋，

這是他那樣快樂年齡的人所做的真實空中樓閣，這時他所理解的幸福就是有生活的必需品和自由。

事實上，對於一個能掌握教育孩子的技巧、喚醒孩子想像力的人來說，在任何環境下都是很好的教育環境。孩子的想像力一旦被挖掘出來，他就會表現出對學習的渴望，有時還需要你去加以制止。

職業的選擇

盧梭認為，一個人在那裡坐吃不是他本人掙來的東西，就等於在盜竊；一個人如果什麼事都不做，單靠政府年金生活的話，和搶劫行人的強盜沒有分別。勞動是社會人不可或缺的責任，任何公民無論貧富、強弱，只要他不做事，他就是一個流氓……

我認為，一個人在那裡坐吃不是他本人掙來的東西，就等於在盜竊。

在我看來，一個人如果什麼事都不做，單靠政府年金生活的話，和搶劫行人的強盜沒有分別。

處在社會之外、與世隔絕的人對任何人都沒有義務，所以他有權想怎樣生活就怎樣生活。

但是在社會之中，他必然要依賴他人的力量而生活，他應該用勞動來向他人償付生活的費用，這是任何人都不能例外的。

故勞動是社會人不可或缺的責任。任何公民無論貧富、強弱，只要他不做事，他就是一個流氓。

我認為在所有人類可以謀生的職業中，手工勞動是最讓人接近大自然的，故手工業者不會受到命運和他人影響。

手工業者是自由人，只依靠自己的手藝，他的境遇要好於農民，因為後者被束縛於土地之上，其收成也會被別人奪走。

不過，農業是人類的第一職業，最有價值、最有用，同時也是最高貴的。

我沒有向愛彌兒說：「學點農業吧！」因為他已經熟悉了農活。所有的莊稼活動他都不陌生，他當初就是從莊稼活動學起，而且還不斷地做這些粗活。

因此我要對他說的是：「耕種你祖上留下來的土地。但如果你失去了它們，或壓根就沒有土地，那麼你還得學一門手藝。」

讓愛彌兒學習一門沒有任何特殊的手藝是沒有什麼價值的。

手藝不過是用手做的技藝，一種機械性的技藝。你說他會什麼？他什麼都會——他已經會使用鏟子和鐵鍬，會使用車床、錘子、木工刨刀和銼刀——他熟悉各種手藝的工具。

和一位優秀的工人相比，他所缺乏的不過是使用工具時的速度。他還有一個比誰都優越的條件，那就是他的身體輕便、手腳靈活；他的器官健全，且受過良好訓練；他還懂得各種手藝的機械原理。要成為一個技藝能手，他所欠缺的只是經驗，而這只是時間問題。

考慮了所有因素之後，我認為我最喜歡、而且也最符合我學生興趣的職業是木工。這種工作乾淨、實用，而且可以在室內做。這種工作使身體有足夠的活動量，它要求技巧和勤奮，製作實用產品的同時也不失優雅和趣味。

我要求我的學生每個星期至少到師傅家去學一到兩天，因為我們不能把所有的時間都花在木工活動上，還要學習做學徒。在做學徒時，我們會和師傅一起工作、一起吃飯——這樣我們很快就學會了幾種職業，在學手工藝的時候就不會經常做學徒。

讀到這裡，我想大家已經知道我是如何鍛鍊我的學生進行手工勞動的習慣，又怎麼使我的學生喜愛思考和反思的。

我的學生必須像農民那樣勞動，像哲學家那樣思想，才不至於像野蠻人那樣懶惰。教育的最大的祕訣是：「使身體鍛鍊和思想鍛鍊並行不悖」。

▌第四章 青年時期的教育

盧梭在本章中論述了青年時期的教育，即十五歲到二十歲時的教育。他認為，青年時期慾念日益成長，處於狂風暴雨似的轉變時期，應主要進行道德品質的教育。

十六歲自愛的年齡

盧梭認為：「人慾念的根源是自愛，自愛最主要的方式便是懂得生活。一個人只有愛自己，才能更好地愛別人，有人稱這是自愛的真諦。」

人生是短促的，在這短促的時間裡，我們幾乎沒有工夫去領略它便匆匆過去。

雖然死亡與出生的時刻相距很遠，但如果你沒有好好珍惜，生命轉瞬間就會逝去。

生命的第一個四分之一，在我們還不懂怎樣度過時就度過了。生命的最後四分之一，又在我們不能好好享受生活時度過。中間的四分之三又被睡眠等時間消耗掉。問一下自己，真正能夠自由掌控的時間還有多少呢？

我們可以說人有兩次生命：一次為了存在，一次為了生活。

一般來說，人是不會始終停留在兒童狀態的，他到了本該有的階段，便會脫離那種狀態。這個階段是短的，但卻是重要的。

我們將前一階段稱為生存，而後一階段稱為生活。只有到了生活這個階段，人才算真正的生活。

到了這個階段，我們對孩子的關心才開始具有重要意義。此時的教育也有了新的施行。

人類保持生存的主要工具是慾念，慾念是很難消除的。消除慾念就等於控制自然、更改上帝的作品。

所以想阻止和剷除慾念的人是愚蠢的。

根據人有慾念是自然的天性，我們可以推斷，我們在自己身上所感覺到的和看見別人所表現的一切慾念都是自然的。千百條慾念的小溪匯成了大河。

自然的慾念是達到自由的工具，保持生存的目的。

人的慾念是什麼？奴役毀滅嗎？不。慾念的發源是「自愛」。

自愛是種原始的、內在的、先於其他一切慾念的慾念。

所有的慾念實際上都是自然的，外因促使自然的慾念演變為其他的慾念。這種演變對我們是有害的。因為它改變了最初的目的，違反了原理。

人就是這樣脫離自然與自己相矛盾的。

人最重要的責任是關心生命，自愛很好的在中間發揮作用，因為它符合自然的秩序。

為了生存，我們要愛自己，同時也要愛保持我們生存的人。正因如此，兒童都愛他們的乳母。

這種愛起初是無意識的，是盲目的本能在起作用。這種本能變為情感，情感又盡數化成了愛。

當對方表現的情感對我們有害，我們就會產生憎恨。有益於我們，當然就會喜歡。

故當對方傾其全力幫助或損害我們的時候，我們也會對他們表現出他們向我們表現的那種情感。

孩子的情感有兩個，首先是愛自己，而後是愛和他親近的人。

孩子起初對乳母的依依不捨之情，是習慣，而後才是愛。

孩子剛開始是自然而然地對人親熱，但隨著個人的利害、需要、主動、依賴愈來愈多，孩子就變得任性、傲慢、愛說謊、報復心強烈。

自愛和自私是有區別的，自愛涉及的是自己，自私涉及的是和別人的比較。由此可見，敦厚溫和的性情產生於自愛，偏執妒忌的性情產生於自私。

十八歲博愛的年齡

盧梭說：「人不能始終單獨生活，他需要融入社會，和社會上的人保持某種關係。而那需要善良去維持，博愛便是善良的祕方。」

如何讓一個人於體質上善良？這需要自愛的奠基，同時也需要博愛的心胸。

要做到博愛就需要減少需要，事事不與人過分比較。用博愛的心愛周圍的人和事。

人不能始終單獨生活，所以人很難保持善良，以致更需要博愛去相輔。

人應研究的是他同周圍的關係。當他想認識自己的時候，應根據周圍的事物、關係來研究自己。

人到了一定的年齡就需要伴侶的陪伴、需要一顆心的相依。心中的愛會隨著和別人、伴侶的關係而發生。

人的本能使兩種性別相互吸引。天性的衝動是由人的知識、偏見、習慣產生的，所愛的人在某方面也會與其達成共鳴。

人要真正懂得愛，需要時間和知識的儲備。

判斷讓我們有了愛，比較讓我們有了選擇。真正的愛是受人尊重的。

有人說愛是盲目的，那是因為透過彼此的眼睛可以看到心靈的窗子，而別人是無法啟迪的。

愛是由自然產生的，而且它還限制著自然的慾念。

正因如此，除了被愛對象以外，這種性別的人對另種性別的人才滿不在乎。

愛是相互的，為了要受到別人的愛，必須使自己成為可愛的人。他需要情人，也需要朋友，每個人都需要所有的人愛他。

要不是因為有許多地方不滿意，大家是不願意有所偏愛的。於是有了糾紛、敵意、仇恨、偏見。

愚蠢的人在偏見的駕馭下失去了自我，完全按別人的見解去安排他們的生活。聰明的人則會把它看作生活的經驗資本加以利用。

自愛之心為什麼不能成為一種絕對的情感？那是因為你生活在社會中，每天和不同的人打交道。

在偉人心中，博愛能成為驕傲；在小人心中，博愛會成為虛榮。在孩子心中，沒有驕傲和慾念，是我們把這些東西帶給他們；但在青年人眼中，不管我們怎麼努力，這些慾念都會在他們心中滋長。

從童年到青春期，每個人都會隨著氣質的變化而變化。對於民族來說則會隨著風土而變化。

自然的教育進行得晚而慢，它是讓感官去喚起想像。人的教育則進行得早，它是用想像去喚起感官。那使感官在沒成熟的情況下便開始活動。

大家常常認為，受過教育的文明人的發情期和性能力比粗野無知的人成熟得早些。

孩子有一種特異的好奇心，可以透過外表發現其中掩蓋的不良習俗，它與教育又是無關的。

青年時期，博愛讓人學會了愛自己，同時也愛那些給過你幫助的好人，和曾經有過矛盾的敵人。

二十歲愛的年齡

盧梭曾指出：慾念是有危險性的，如果不加以節制，就會造成損害。用愛去減少慾念的膨脹，用愛去感染孩子的心，你會發覺世上只有一種亮色。

保持孩子純真的最好辦法，是他周圍的人都尊重和愛護他們的純真。

否則，無論我們做了多麼微小的隱瞞動作，他們都會明白我們在竭力隱瞞他什麼。

有些文雅的人和孩子談話咬文嚼字，這反而使孩子更加知道他們似乎在隱瞞什麼。

尊重孩子就可以找到和他們溝通的最佳方式。直率並不代表不適合孩子，相對地，它是非常適合孩子的。

事實上，真實的語言可以用來轉移孩子對危險的好奇心。粗話反而窒息了孩子的想像力。

試想一下，如果人每次的對話都是內心最真實的流露。那麼這種天真爛漫的說話方式是多麼的便捷。

如何讓年輕人日益成長的想像力從那些刺激慾念的事情上加以轉移？我們應該讓他們只看到克制，而不刺激其慾念的情景。

首先要遠離大都市，不要加速和提早讓他們受到自然的教育。當孩子有選擇能力的時候，再讓他們知道享樂。鄉村樸素的生活可以讓他們的慾念不過早膨脹。

因為熱愛藝術而停留在都市的人，要替他們挑選交往的人，挑選日常的生活環境。

慾念是有危險性的，如果不加節制，會造成我們的損害。

當我們讓他們看到人間的悲傷，是想讓他們學會感動，而不是鐵石心腸，這恰恰是我們想要的。

對於男性教育的典型──愛彌兒，正因他知道要對自己負責，所以他的行為非常的慎重。

人，尤其是男人，要敢於做有意義的事，少做無聊的事。敢於說出真理，少說不著邊際的話。留名青史的羅馬人便是成功的範例。他們在伸張公理和保護善良的風俗中教育了自己。

人生來作為社會成員中的一名，便要履行社會的義務，男人更應如此。

在了解了人類後，還應了解個人。在社會的大舞台上，人在世上應該怎樣生活？該做什麼事情？不該做什麼事情？成了重要的課題。

　　當看到別人產生情慾時，我們要用智者的眼光去看待，既不要學他們的樣子，也不要受到他們偏見的誘惑。對於走向社會的青年來說，應提防的不是色慾而是虛榮。

　　因為喜歡一個人，所以愛他（她），但不要因為過分的喜歡而受到他（她）的支配，要由自己的傾向支配，狂妄的心理是放蕩而不是愛情。

▌第五章　女子教育

　　盧梭在本章中集中闡述了關於女子教育的思想。盧梭認為，男女在身體、性格、興趣以及工作內容上都是不同的，所以受到的教育也應有所不同。總體來說，男女雙方在各方面都是相互補充、相互依存的。因此，女子教育要考慮女性的傾向和義務，培養女性本來應具備的特質，而絕不能在她們身上培養男人的特質。

女子教育的目的

　　盧梭認為，如果女人拋棄了淑靜的態度，而去學習男人的樣子，那麼她們就是在違背自己的天職、剝奪自己的權利。盧梭指出，女人要學習的東西很多，但她們只能學習那些適合她們的東西。在盧梭看來，女子教育的目的在於——培養一個好女人。

　　男性與女性在身體、性格、興趣以及工作內容上都存在著差異。故男女教育也應當有所區別。

　　在此之前，我已經盡了自己最大的努力，將男性培養成天性自然的男性，現在我要探討如何培養女性，從而使她們適合於那些天性自然的男性。

　　事實上，如果想永遠按照正確的路線而不至於出錯，我們就必須遵循大自然的指導。男性與女性所擁有的兩性特徵都應該被視為大自然的安排而加以尊重。

　　身為男性，你一直驕傲地說：「女人有許多這樣或那樣的缺點，而這些缺點是我們男性所沒有的。」

　　實際上，你所說的並不是事實。因為你所說的缺點，正是女性的優點。如果她們沒有了這些優點，那麼事情就不可能像現在這樣圓滿。你可以防止這些所謂的缺點演變成惡習，但你絕不能試圖消滅它們。

　　女人也在不停地抱怨：「男人把我們培養成了徒有外表、撒嬌獻媚的人，他們總是拿一些微不足道的小東西來取悅我們，他們這樣做是為了更好地控制我們。事實上，他們所責備的那些缺點完全是由他們自己造成的。」

事實的確是這樣嗎？

男人什麼時候插手過女人的教育？

男人什麼時候妨礙過女人按照自己的意願去教育孩子？

哪一個男人強迫過女人一定要將時間浪費在那些瑣碎的事情上？

哪一個男人強迫過女人將一半的時間花費在梳妝打扮上？

又有哪一個男人阻礙過女人按照自己的心意去教育自己或請他人來教育她們？

好吧！即使我們出於好心遂了女人的願，用像培養男人的方法去培養她們，恐怕高興的就不是女人、而是男人了。因為女人越是想成為男人的樣子，她們便越不能駕馭男人，反而更容易為男人所駕馭。

事實上，男性與女性的能力是互補的。女人以女人的身分做事，效果才會最好；而女人以男人的身分做事，效果必定最差。不管在什麼地方，女人只要善於利用自己的權利，她們就可以占優勢。但如果她們竊取男人的權利，她們就必定不如男性。

如果我們不去培養女性本來應該具有的特質，而在她們身上培養男性的特質。這樣做必定是害了她們。

賢明的母親，請相信我的話吧！

妳應該將妳的女兒培養成一個好女人，而不是違背自然，將妳的女兒培養成一個好男人。這樣做才是最好的選擇。

由上面的論述，我們不禁產生了這樣的疑問：

一個女人只要能夠管理家務，是不是就可以對其他一切事物都無知呢？

一個男人應不應該將其伴侶視為奴僕呢？

他會不會不讓她去享受社交的樂趣呢？

他會不會使她沒有一點知識和思想，為的是更好地奴役她呢？

他會不會將她培養成一個聽話的機器人呢？

我的回答是：不會，肯定不會！

因為大自然使女人具備了聰慧和可愛的心靈，所以她肯定不會有那樣的主張。大自然希望女人有思想、有眼光，希望她們能認識並喜愛自己身為女人的天職，希望她們像培養心靈那樣去培養身體……這一切是大自然賦予女性最有力的武器，以彌補她們先天的不足。

所以說女人有許多需要學習的東西，但她們只能學習那些適合她們學習的東西。

最初的教育

在盧梭看來，即使是小女孩也十分在意別人的看法。所以等到小女孩能聽懂我們所講的話時，我們只要告訴她們，別人是如何談論她們，就能夠很好地管束她們。

事實上，即使是小女孩也非常喜歡化妝品、首飾。

小女孩不滿足於自己長得美，而且還希望別人能夠發現她們的美。

生活中，只要我們稍稍用心，就能在她們小小的面孔上看出這種心思。

等到小女孩能聽懂我們所講的話時，我們只要告訴她們，別人是如何談論她們，就能夠很好地管束她們。

但將這套教育方法套用到小男孩身上時，就不會取得那樣好的效果。小男孩只要能夠自由自在地玩耍，他就不會在乎別人如何說他。如果要小男孩受這種法則的約束，就要花比小女孩更多的時間和精力。

女孩這種最初的教育，不論是從哪裡得來的，總之是一種很好的教育方法。

對身體的培養

盧梭認為，女性的教育首先應該培養身體，而男性和女性對身體培養的目的卻不相同：對男性而言，是培養他長得強壯有力；對女性來說，則是培養她長得靈巧。

我認為，女性的教育首先應該培養身體，這個次序對男性和女性來說都是相同的。

但是男性和女性對身體培養的目的卻不相同：

對男性而言，是培養他長得強壯有力；對女性來說，則是培養她長得靈巧。

我這樣說，並不是想表示男性和女性只能具有專屬特質，而是指這些特質在男性和女性身上應有主次之分。

也就是說，男性也必須有相當的靈巧，做起活來才覺得容易；女性也必須有足夠的體力，做起活來才感到輕鬆。

如果女性的體質過於柔弱，也會使男性的身體日趨柔弱。女性不應該像男性那樣粗壯，但也要強壯得能和男性配合，才能生育出像他們那樣健康的孩子。

斯巴達的女性也像男性一樣做軍體操，她們的目的不是為了去打仗，而是為了將來能夠生育可以忍受戰爭艱苦的兒子。我倒不認為，為了給國家培養士兵，就一定要母親背著步槍去學兵操。但我認為，希臘人在這方面的教育方法是很有道理的。

希臘人的衣服很寬大，一點也不束縛身體，因此他們的男人和女人的身材非常勻稱優美。

如今再也找不到那樣勻稱的身材了。所有哥德式的緊身衣和把四肢捆得嚴嚴實實的蕾絲邊，古希臘人是絕對沒有見過的。古希臘的女性也沒有穿過鯨骨裙襯，可是今天的女性卻被這種東西弄得身材沒有了一點兒美感。

我認為她們之所以喜歡這種服飾，是因為她們的風尚不好。

事實上，生命、健康、理性和舒適應該是壓倒一切的，不舒適的事物絕不會顯得優美。苗條並不等於瘦弱，為了討得他人的喜歡，就不應該有一副不健康的樣子。

一個人生病固然是可以引起他人的同情，但是要想得到他人的喜歡，就必須長得健健康康、性格活潑大方。

現在我們再來看看男孩和女孩的愛好。大抵而言，男孩和女孩都各自有適合自己的愛好：男孩喜歡運動和吵鬧，喜歡推小推車、玩陀螺和打鼓；女孩則喜歡好看的東西和化妝品，喜歡鏡子、珠子和花邊，女孩尤其喜歡布娃娃，從這一點可以清楚看出女孩的愛好符合她們的使命。

生活中，我們常常可以看見：

一個女孩整天玩她的布娃娃，她一次又一次給它換衣服，一次又一次地給它佩戴新的首飾。雖然女孩的手指可能很笨拙，她也沒有養成什麼愛好，但她的傾向已經顯現出來了。

女孩不停地玩著布娃娃，以至於忘記了時間，究竟自己玩到幾點、玩了多少個小時，女孩甚至不知道自己忘了吃飯。

你或許會說：「她所打扮的只是布娃娃，而非她本人。」

事實的確如此，她注意的是布娃娃而非她自己，她對自己還不能做任何事情，她還十分幼小，她還沒有能力，同時也缺乏體力。

但是她不會永遠停留在這個狀態，事實上，她在等待她自己成為布娃娃的那一刻。

這是一個必然的傾向，你只需要注意她的發展，從旁加以引導就可以了。

事實上，小女孩心裡所想的只是如何打扮她的布娃娃，如何給它圍個小裙子或打個蝴蝶結，這一切小女孩常常要尋求他人的幫助，這時小女孩心裡便會想著：「要是我自己會做就好了。」

大家教她學這些東西的目的就在於此——讓她有學習的主動性。

幾乎所有的小女孩都不願意學習讀書和寫字。但當她們把針線拿在手裡的時候，她們就學習得很起勁。她們以為自己已經長成大人，高高興興地想像著有朝一日能學會這些本領以便打扮自己。

第一條道路打開之後就很容易前進了。接著她們就會自己去學做瑣碎的化妝品、繡花和花邊。

我們的目的在於培養小女孩靈巧的身體，而要順利達到目的，就必須合理地引導她們自發性地學習這些東西。

明白做事情的意義

盧梭認為，我們不能強迫女孩去做她們不明白其用處的事情。也就是說，我們必須把我們叫女孩去做的事情的意義給她們講清楚，這一點非常重要。

關於女子教育，有一點非常重要，即我們不能強迫她們去做她們不明白其用處的事情。

也就是說，母親必須向她們指出，我們讓她們做的事情有什麼用處。

因為女孩的智力比男孩的智力成熟得早，所以我們很容易做到這一點。

根據這個原理，女孩不僅不應該去研究那些既沒有什麼好處，而且也不會使研究者感到愉悅的無聊學問，甚至是她們在現階段還不明白、必須等到年歲稍長以後才能明白的學問，同時她們也不應該去研究。

關於讀書，我認為我們不能在沒有使女孩明白讀書的用處之前，就硬要她們去讀書。

我想問，為什麼要強迫一個女孩在那樣小的年紀學讀書和寫字？難道馬上就要叫她去管理家務嗎？

實際上，所有的女孩都富有好奇心。所以根本用不著你去強迫，只要她們一有餘暇和機會，她們就會主動學習讀書和寫字。

女孩首先應該學習算術，因為算術極其有用，而且需要花很多時間練習，此外，算術很容易發生錯誤。

倘若一個女孩必須解出一道算術題才能夠吃櫻桃，我相信這個女孩一定很快就能解出這道題。

我認識這樣一個小女孩，她是先學習寫字，然後才學習識字的，而且她是先用針寫，後來才學會用筆寫的。

在所有字母中，小女孩開始只喜歡寫「O」。她不停地寫「O」，寫完大「O」又寫小「O」，寫完粗「O」又寫細「O」，在一個「O」裡又寫另外一個「O」……然而有一天，當小女孩正在做這個有意義的練習時，她在對面的鏡子裡看到了自己的樣子，她覺得自己的姿勢難看極了。於是她扔掉了手中的筆，從此再也不寫「O」。

大家不得不想出其他方法，這才使她願意重新練習寫字。

原來這個小女孩非常任性，她不喜歡妹妹穿她的衣服，之前家人幫助她，在她的衣服上做記號，但現在家人卻不幫她做記號了。因此她只能自己動手，她之後進步的情況如何，大家可以清楚地想像到。

總之，我們必須把我們叫女孩去做的事情的意義給她們講清楚，這一點非常重要。此外，我們必須要求她們將那些事情做好。

培養勤勞和約束的習慣

在盧梭看來，懶惰和桀驁不馴是女孩兩個最危險的缺點。故女孩必須培養勤勞和約束的習慣。

在我看來，懶惰和桀驁不馴是女孩兩個最危險的缺點，女孩一旦有了這兩個缺點，就很難改正過來了。

女孩應該做事心細和熱愛勞動，此外，她們還應該從小就受到約束。

事實上，女孩的一生都受到了嚴格的約束——種種禮教和規矩。

女孩必須先使自己習慣於這種約束，如此她們才不會感受到被約束的痛苦；女孩必須使自己習慣於控制自己胡思亂想，以使她們能夠保持優秀的德性。

　　倘若她們整天都想活動，我們應該在某些時候強迫她們什麼事情也不做。倘若她們有了某些不良愛好或行事咄咄逼人，她們就容易產生輕佻放蕩和反覆無常的毛病。若要防止這些弊病，最重要的就是教育她們克制自己。

　　如何防止女孩厭惡工作而只知道玩樂呢？

　　事實上，採取一般的教育方法很容易使她們產生這種貪玩而不願意做事的缺點。因為這種教育方法一方面使女孩感到十分厭煩，另一方面又使她們只貪圖享樂。

　　我認為，這兩個缺點中的第一個缺點只有在女孩不喜歡身旁的人的時候才會發生。

　　如果一個女孩喜歡她的母親或她的朋友，那麼即使她整日與她們待在一塊，她也不會感到厭煩。

　　但如果她非常不喜歡那個管理她的人，那麼她在那個人面前做任何事情都不會感到痛快。

　　生活中，有些女孩覺得與其和母親待在一起，不如和其他人在一起更加快樂——這樣的女孩很難變成好女孩。

　　若要辨別她們真正的情感，就必須對她們的情感進行研究，而不能單憑她們所說的話，因為她們可能會甜言蜜語地說一番假話來掩飾她們真正的思想。

　　我們也不能規定她們必須要愛她們的母親，不能說女孩有服從母親的義務、必須要愛她們的母親。

　　事實上，只要母親不使她的女兒討厭她，則她對女兒的愛護、照顧和平日的習慣，就會使她的女兒愛她。而一個母親即使管束她的女兒，只要管得恰當，則她對母親的愛不減反增。

　　由於女孩只能夠有很少的自由，故她們往往過分地使用人們讓她們所享受的那點自由。她們處處都表現得很極端，甚至做遊戲的時候也比男孩做得起勁，這就是我剛才所說的第二個缺點。

這種缺點必須加以制止，因為它將造成女孩所特有的幾種惡習，例如：任性和入迷，一個女人一旦有了這些惡習，則她將會反覆無常，今日可能很喜歡一樣東西，隔天卻正眼都不瞧它一眼。

對女孩來說，好惡無常和過分做某件事都是極其有害的，而這兩種缺點都是由同一個原因引起的。

我不是不讓她們歡歡喜喜地做頑皮的遊戲，但是我們應該防止她們為了做另一種遊戲而厭棄這一種遊戲。必須使她們在一生之中時時刻刻都知道約束自己。

所以當她們玩得正高興的時候，我們應該教育她們懂得適可而止，並讓她們毫無怨言地去做其他事情。要做到這一點，只要養成習慣就行了，因為習慣可以變成第二個天性。

培養優秀的人格特質

盧梭認為，女子需要具備終身受用的人格特質。如溫柔、順從、體貼、細心等。這些重要的人格特質，會讓女子變得風度高雅、舉止大方、聲音動人、步履輕捷……

由於養成了被約束的習慣，女性形成了一種溫順的特質。這種溫順的特質，使女人永遠聽從男人的評判。

溫柔是女人必備的第一個重要特質。女人之所以溫柔，不是為了男人，而是為了自己。

做為妻子，如果潑辣和無理的話，只會增加自己的痛苦和丈夫的惡行。男性應當保持男性的態度，女性也應有女性的態度和行為。

當女人是女孩時，她應該要乖乖聽話。當女人做為母親時，就應該有母性的通人情世故。

當我們做為母親時，要懂得因地制宜、因材施教。不應為了使小女孩變得溫順而折磨她，也不應為了使她彬彬有禮而採取粗暴的態度。

女性有一種自然的秉賦——狡黠，我們應當像培養她們其他天性一樣培養這種秉賦。

但這種做法只適合小女孩而不適合婦女。因為種種清規戒律，已經使婦女變得十分奸詐。

對於孩子來說，她們的做法是十分天真的。

曾有這樣一個例子。一個小女孩，她的家人嚴格禁止她強要東西。一天，她發現餐桌上的菜幾乎都吃過，只有一道菜她非常想吃，彼時大家卻忘記給她了。

這個小女孩非常機靈地用手指著她沒吃到的那盤菜：「所有的我都吃過，除了這盤菜」。

聽完這個故事你有什麼想法？誰能說小女孩是在強要東西？

上帝是公平的，它讓女性的機靈彌補了先天體力的不足。否則的話，女人不是男人的伴侶，而是他的奴隸。

女人有不利的地方，如同男人也有缺點。女人的不利表現在她本身的羞怯和柔弱。

女人同樣有許多有利的地方，如才能和容貌。但女性真正的資本是「機智」。這裡所講的「機智」，是善於適應其地位的機智。

女人的這種機智可以被看成一種藝術。沒有它，家庭會混亂，男女的交際會無味，孩子會在丈夫的粗野下長大。

這種機智適合聰明的女人，而不適合狡猾的壞女人。這種機智有時候是自然存在的，自然存在的東西都是美好的，我們不能因為這種創造幸福生活的手段有害，就把世上自然的東西給毀滅。

一個女人要獲得別人的喜愛，是依賴她的人品。而不是化上精美的妝容、穿戴昂貴的飾品。

我們要讓她們明白，化妝只要能掩蓋缺點就行。美，源自本身的氣質。

對於一個年輕的女孩，如果她用豔麗的服飾來打扮自己，在我看來，那太累贅了。

此外，儘管裝飾有時是必要的，但沒必要非穿華麗的衣服。

如果要打扮，有時也需用心去考究一下。至於那些奢侈品，實際上沒必要。

對於一個有審美能力的女孩而言，即使你給帶粗布、麻紗、繡花、絲帶，她也能做出比綾羅綢緞還漂亮百倍的衣服。

年輕的女性本來就沒有什麼可打扮的，她們的時間應該用在工作和學習上。

婦女一般比較喜歡打扮，婦女的過分打扮是源自生活上的無助，並不是愛好虛榮。

具有審美性的女人在服裝方面不會像那些不知穿什麼樣式才漂亮的女人一樣費時。

事實上，過分梳妝打扮的女人得到的益處沒有她們想像得多。

據說，正因為梳妝打扮，那些小商販、小作家、小詩人、小歌唱家和被包養的男人才得以聚集在一起。

所以女人應該受到女人的教育，讓她們懂得女性的工作，為人謙遜，這樣在穿著方面也就雅致好看了。

女人的才能不僅僅在於縫紉，她們應該有一些新的才能。

成長中的女孩應該了解：真正的漂亮是舉止大方、步履輕捷、風度高雅、聲音動人、行動穩健……

在嚴肅教師的眼裡，女孩只能拿工作和祈禱做消遣內容，不應學唱歌、跳舞。

不同的東西適合不同的性別，不同的東西也應適合不同的年齡。

在當女孩的年齡階段，應該活潑地玩耍、天真地幻想、高興地跳舞、快樂地唱歌、自在地游泳。而不應像祖母那個年齡層，用算計的方式過日子。

基督教的教義過分強調清規戒律，使婦女被這些戒律束縛。這使婚姻束縛女性的同時也冷落了男性。

她們採取了許多辦法阻止婦女變成可愛的人，強迫丈夫變成冷漠無情的人。

女人應該學會許多優良的本領，使丈夫感到欣喜，使自己感到精神的富足。

這些本領可以使一個家庭幸福、快樂；可以使家人互相信任、彼此和睦，家裡到處都會洋溢著溫馨、溫暖、溫情。

許多技藝被人類搞得太重形式、太一般化了。弄得世間到處都是呆板和做作。

我怎麼都不相信，同樣的表情、步法、動作、姿態和舞蹈，能夠既適合小女孩表演，也適合婦人表演。

如果老師毫無區別地教這兩種人相同的功課內容。那麼她永遠也培養不出藝術家，因為她本身只是一個照本宜科的常人而已。

女孩喜歡學什麼就去學什麼，她們應當自由自在地生活，但我不是指她們應該向江湖藝人學習。

在以娛樂為目的的藝術中，女孩的老師有很多人，她都可以向她們學習。例如她的父親、母親、兄弟、姐妹、親戚、朋友等。

在女孩的學習中，尤其值得注意的是她們的興趣，興趣是一件事情成功的第一步。

「熱心」和「才能」能夠塑造審美能力。人只有具備一定的審美能力，才能接納各種美的觀念。最終接受和美緊密相連的道德觀念。

說話是所有藝術中的基礎，人的感官能透過它獲得樂趣，從而使心靈充滿活力。

心靈的語言藝術，可以使人長久地注意同一個目標。

女人比男人早開始說話，而且學得快又說得好。

男人說話需要知識儲備，目的是講述有意義的事情。女人說話需要風趣，目的是講述有趣味的事情。

男人和女人說話有一個共同點——真誠。

幼年時期的女孩無法分辨善惡，也無法判斷他人心意。她們只牢記一種法則，就是說討人喜歡的話，並且不撒謊。

從天性上說，女孩很厭惡粗魯。教育可以輕易地教會她們如何避免這種行為。

在人際交往中，男人的禮貌表現在幫助別人上，女人的禮貌則表現在體貼上。這是自然而然的形成的，不是社會的習慣。

所以女人要做到彬彬有禮、懂禮貌是一件相對容易的事情。但女人對女人的禮貌則是另外一件事。她們之間的關係顯得拘束和冷淡。

年輕女孩之間尚存在著真誠和友誼。快樂活潑的心情可以發揮善良天性所有的作用。

一個女孩具備什麼樣的特質才能獲得榮耀和幸福？這需要我們告訴她，但告訴的方法卻很有學問。

我們要讓她們多談話，啟發她們的心靈和口才。談話的內容須安排和引導，以期吸引她們的興趣，在她們心裡植入終身受用的良好道德教育。

信仰的教育

我們不必培養孩子學習所有的教義，只要讓她們學幾條與道德修養有關的教義，讓她們意識到上帝就在她們面前，讓她們的行為、思想、美德和歡

樂都被上帝所見證。總之，真正的宗教信仰是一生保持她們在上帝面前出現時的那種快樂心情。

我們應該在孩子很小的時候，就對他們灌輸宗教信仰，因為如果等到他們能夠接受這些哲理時，我們將很難有機會告訴他們。

通常男孩接受宗教觀念的速度要比女孩快，因為女性是一種實踐理性思維，此種思維的特點能夠實現既定目的，卻找不到目的。

由於兩性社會的關係，使得他們二者相互彼此依賴，女人學習男人的探究原則；男人學習女人細緻的頭腦。正是兩者之間的互補使他們朝著同一個目標邁進，所以雙方相互支持、服從，兩人的社會地位完全相同。

由於女孩不能真正理解宗教觀念，並且所處的地位差異，使得女性的行為要受輿論的約束和監督。這樣的社會環境要求女孩把母親的信仰也作為自己的信仰，同時說明了妻子的信仰要和丈夫保持一致。即使這種宗教是虛假錯誤的，但溫順的天性使得她們接受自然的秩序，把父親和丈夫的話看成既定的教義。

由於女性受到各種各樣外力的影響，使得她們不能按照自己的意願選擇宗教信仰，也就更無法用理性的法則驗證指導自己的信仰。這樣會很容易誤入歧途，因為她們無法明辨真偽，又一味地追隨信仰。造成這種情況的原因不僅是女性本身的性格，更重要的是家人沒有正確地引導她。

女性的信仰大多是聽從別人（丈夫、母親）來決定的，故信仰的模糊使得她們淪為盲從，使她們沒有辨別其中利弊的能力。與其向她們講解信仰理由，不如讓她們直接信仰宗教來得容易。

為女孩講解宗教，千萬別要求她們做任何關於信仰的事務，只要讓她們看見你在按時禱告，並用簡短的句子念禱告詞，態度嚴謹、精神集中。

以身作則是教育孩子最良好的方式，一旦你沒有履行宗教的義務，她們將無法聽從你的講解，故講師應該和孩子一起理解宗教的種種約束，以便讓這些女孩從小就懂得理解宗教、熱愛宗教。

為孩子講解宗教教義最好的方法就是直接教授，這樣他們回答的答案可能就是發自內心的想法。如果是拿講義教授孩子，他們不可能理解老師講解的東西，但是又必須說出他們無法理解、無法相信的答案。

教義問答課本中的第一個問題是：「創造你並且把你帶到這個世界上來的是誰？」小女孩明知是她的媽媽，但她卻毫不猶豫地回答說是上帝。她心裡對於這個問題只明白一點，那就是她對這個似懂非懂的問題作了一個連她自己都不明白的回答。

我始終認為宗教教義不適合進入兒童心靈，因為它不懂得兒童的接受能力，所以我一直期望能夠有作家專門寫一本適合兒童的教義。這本教義不必事先讓孩子照著答案回答問題，而是讓他們暢所欲言，甚至有的時候可以提出他們想知道的問題。

要我想新的教義問答課本，大致應以以下的方法提問，才有可能得出我們教義問答課本中第一個問題的正確答案。

阿姨：妳能夠記得妳媽媽女孩時的樣子嗎？

小女孩：我不可能會記得，阿姨！

阿姨：我認為妳的記憶力非常強，怎麼可能不記得呢？

小女孩：因為那時候我還沒有來到這個世界上呀。

阿姨：那就是說妳還沒出生呢，對吧？

小女孩：對。

阿姨：妳認為自己會長生不老嗎？

小女孩：會的。

阿姨：妳感覺自己現在是年輕還是年老？

小女孩：年輕。

阿姨：那奶奶呢？

小女孩：她已經進入老年階段了。

阿姨：你感覺她曾經年輕過嗎？

小女孩：是的。

阿姨：為什麼她現在就不年輕了呢？

小女孩：因為她年紀已經很大了。

阿姨：那妳不認為自己將來會像奶奶一樣變老嗎？

小女孩：我不知道。

阿姨：妳為什麼不穿去年的衣服？

小女孩：因為我穿起來太小了。

阿姨：為什麼會小呢？

小女孩：因為我已經長大了。

阿姨：妳還會繼續長大嗎？

小女孩：哦，是的。

阿姨：女孩長大了，會成為什麼樣的人呢？

小女孩：成為女人，然後變成媽媽。

阿姨：變成媽媽以後又會怎麼樣呢？

小女孩：會老的。

阿姨：妳會從年輕變老嗎？

小女孩：等我做了媽媽的時候，我也會變老的。

阿姨：等我們老了之後又會怎麼樣呢？

小女孩：我不知道。

阿姨：妳爺爺為什麼會去世呢？

小女孩：因為他已經很老了。

阿姨：老年人都會死掉嗎？

小女孩：他們都會死的。

阿姨：那妳自己呢？

小女孩：啊，阿姨！我不想死。

阿姨：親愛的，誰都不想死，但這是大自然的生存規律，我們無法改變。

小女孩：為什麼？難道媽媽也會死嗎？

阿姨：無論任何人都會變老繼而過世，包括爺爺、奶奶、爸爸、媽媽。

小女孩：阿姨，怎麼樣才可以晚點變老？

阿姨：那我們從小就要好好做人。

小女孩：我以後一定會好好做人。

阿姨：很好。不過，妳以為妳能永遠活下去嗎？

小女孩：我會盡自己最大的努力，讓自己不要老得太快。

阿姨：還有其他問題嗎？

小女孩：阿姨，當我們變得很老的時候，就一定會死掉嗎？

阿姨：總有一天妳會死的。

小女孩：哦！天哪！我想也是這樣。

阿姨：妳的上一代是誰？

小女孩：爸爸和媽媽。

阿姨：爸爸和媽媽的上一代又是誰呢？

小女孩：爺爺和奶奶、外公和外婆。

阿姨：妳的下一代是誰呢？

小女孩：我的小孩。

阿姨：他們的下一代又是誰呢？

小女孩：我的孫子女。

經過細密的推理和歸納，我們可以追尋到人類的起源和結束。

只有經過一長串的問題，才能讓孩子真正理解教義問答課本中的第一個問題。

那麼有關神的定義要怎樣讓孩子明白呢？我們不能讓孩子思考一個連大人都弄不明白的晦澀問題。所以我將簡單地說：「我們聽不見、看不見也摸不著上帝，只能透過祂所做的事來認識祂。」

社會每一個成員都應認識到上帝的法律，以及祂要求自己必須完成的種種義務。人類之間也要時時相互教誨——尤其為人父母者，更應該認真地拿這一點來教育自己的子女。

教義在某些地方的表現是重要的，但我認為記住復活節、按時做禱告、守大小齋更為重要，因為這些是透過實際行動來認識教義，而非徒具文字。

每個人都應該知道人類的命運有一個主宰，這個主宰就是我們的上帝。祂要求我們彼此相愛、公正做人、善良與慈愛地與每一個人相處、遵守約定和盟約、今生和來世都要遵守教義，如此一來，上帝便會在來世獎勵善良的人、懲罰有惡的人。

違反這些教義的人合該受罰，因為這樣的人干擾整個秩序，是社會的公敵。誰要是背棄這些教義，強迫我們接受他個人的看法，也會有相同的結果。

與其研究那些神祕的教義，不如研究幾條與道德修養有關的教義，這樣才能使她們變成好人而非瘋子。同時，必須讓她們認同這些真正的教義能提高她們的能力和知識，是值得學習的。

與上帝有關的知識，只要把能夠促進人類智慧進步的部分告訴她們就足夠了，並且要不斷對她們宣傳、講解上帝愛善，使她們誠心向善，上帝會補償她們因向善而遭受的痛苦。

總而言之，具有了這種上帝信仰，我們就不會產生任何邪惡的意識和狂妄的行為。社會相對安定，人們的感情也會相互增進，這一切都源於信仰的教育。

附錄

盧梭的信

致伏爾泰先生：

先生，我在寂寞的時候收到了您最近的詩作，我的朋友們都知道我喜歡您的作品，但我至今仍然不知道是誰將您的作品寄給了我，想來應該是您自己。

拜讀您的作品，我既覺得高興，又感到受益匪淺，領略了大師的手筆實在是榮幸之至。

我不想告訴您，您的詩作處處精彩，但那些令我不悅的地方使我更加信任令我情不自禁的地方。有時候，我花了很大的力氣才守住我的理智，才強迫自己不去全盤讚美您的作品。

先生，在此我直言不諱，我不準備告訴您我在這兩首詩中體會到的美，我也不想提那些比我高明的人也許看得出來的缺陷，我只是想說說此刻令我氣惱的事情，這些事情攪亂了我的情緒，讓我無法安心聆聽您的教誨。

我忘情地傾聽您的心聲，還像兄弟般愛著您，如恩師般敬重您，您能把我的用心良苦看作一顆正直的心靈，在我的言論中聽出真理之友與哲學家交談的語氣，這使我深感欣慰。

此外，您的第二首詩愈令我欣喜，我就愈能不受拘束地批評您的第一首詩。既然您不怕自相矛盾，而我和您的觀點一致，又有什麼需要害怕的呢？我覺得您是不太在意那些遭到您如此駁斥的情感的。

所以說，我的責備都是衝著那首談論里斯本地震的詩而來的，您的詩似乎受到人道精神的啟迪，我原本也期待詩歌產生與這種情感相得益彰的效果。

然而，您並沒有帶來我預期的安慰，而是使我更加難過。因為，您譴責波普和萊布尼茲聲稱萬事皆善，侮辱了我們蒙受的災難。事實上，您將我們的處境描繪得慘不忍睹，反而加劇了悲慘的感受。

您的詩作不禁使我們覺得，您似乎怕我們不知道自己有多麼不幸，您似乎在向我們證明一切皆惡。

先生，您一定要清楚：一切都與您的願望背道而馳！

波普的詩緩解了我的痛苦，使我變得有耐心；您的詩撩撥我的痛楚，我忍不住呻吟，它奪走了我的一切，連同那搖搖欲墜的期盼，把我逼入絕境。

您的論斷與我的感受形成奇怪的對立，請打消我心中的惶惑吧，告訴我誰在濫用感情或者理性。

「人啊，請你耐心些。」波普和萊布尼茲對我說，「你的痛苦是你本性以及這個宇宙構造的必然結果。仁慈永恆的上帝主宰著你的命運，護佑你免受苦難。他從各種可能的布局中，挑出害處最少而益處最多的結構，倘若上帝沒有做得更好，那是因為他做不到更好。」

那麼您的詩作告訴了我們什麼呢？

您的詩作告訴我們：「不幸的人啊！苦難將永遠伴隨你。倘若是上帝造就了你，那麼上帝就是無所不能的，祂本可以免除你的一切苦難，可祂並沒有那麼做。因此苦難將永無止境地繼續下去，你活著就是為了受苦和死亡。」

真的無法理解，這樣的理論能帶給人什麼樣的安慰？

至於我本人，直率地說，我認為它比善惡二元論更為殘酷。雖然痛苦的本源使您左右為難，迫使您扭曲上帝的某些美德，可是為什麼證明上帝威勢要以損害它的仁慈為代價呢？如果必須在兩個錯誤之間抉擇的話，我寧可選前者。

先生，您不願意別人把您的詩看成拂逆天意之作；我也不想給它冠上這種名稱，儘管您把我寫的一本控訴人類、為人類辯護的書稱為反人類之作。

我知道應當把作者的意圖和主張與可能導致的後果區分開。我被迫正當地自我防衛，我只是想提醒您，我描寫人類悲慘處境的動機是可以寬恕的，甚至值得稱頌。我是這樣認為的，因為我告訴人們，他們是如何造成了自己的種種不幸，進而避免這些不幸。

　　我覺得道德痛苦的源頭只能在自由的、完善的、呱呱墜地時已經墮落的人身上尋找。至於肉體的痛苦，儘管物質的敏感與遲鈍構成矛盾，在我看來，凡是有人類參與的體系中，這種痛苦是不可避免的，此時的問題不在於人類為什麼得不到完全的幸福，而是人類為什麼存在，且我覺得我已經證實過，除了死亡（只是此前的各種準備才使它勉強成為痛苦），我們大多數的肉體痛苦還是我們自己造成的。

　　還是以您的主題里斯本為例吧，您得承認，大自然並沒有在那聚集兩萬棟七到八層的樓房，假如這座大城市的居民能分布得更加均勻一些、住房分散些，損失就不會如此慘重，甚至毫髮無損。大地稍一晃動，人們就可以四下疏散，第二天我們會在二十公里外的地方與他們重逢，大家高高興興，就像什麼事都沒發生過一樣。

　　然而，人們不得不留下，固執地守著破屋子，哪怕大地會再次顫動，因為留下的家產遠比能帶走的值錢。

　　有人想取自己的衣服，有人想拿證件，還有的去拿自己的錢，結果多少人在這場災難中不幸喪生？

　　先生，您希望地震發生在沙漠深處，而不是在里斯本。人們可以懷疑沙漠不發生地震嗎？可是我們不提那些事，因為它們傷不著我們唯一看重的城裡紳士，地震甚至傷害不了散居在偏僻地方的動物和蠻荒人，他們不怕屋頂坍塌，不怕房屋起火。

　　可是這種得天獨厚的境遇又說明什麼呢？是否意味著世界的秩序應該跟著我們的性子改變？大自然必須屈從於我們的法律，為了禁止它在某個地方發生地震，我們只要在那裡建一座城市就行了？

　　有些事件或多或少地打擊我們，打擊的程度隨著觀察的角度而變化，有一些乍看令人毛骨悚然的情況，如果仔細考察的話，就會緩和許多。

　　這是我在《查第格》裡讀到的，且得到大自然日復一日的證實：過早夭折不一定是一件痛苦的事，有時會有一定的好處。那麼多人倒在里斯本廢墟底下，其中肯定有不少人因此避免了更大的不幸。儘管這種描寫催人淚下，

給詩人提供了素材，但假如這些倒楣人按照自然規律，在漫長的焦慮中等待死神的突然降臨，那麼他們所受的折磨，沒有一個會比現在少。

在彌留之際被人無謂地施藥，公證人、繼承人巴不得他早死，躺在病床上任由醫生宰割，野蠻的神祇巧妙地讓他飽嘗死亡的滋味，難道有比這更悲涼的結局嗎？

對我來說，我到處都看得到：大自然強加在我們頭上的痛苦遠不如我們自己添加的那麼殘忍。

公元一七五六年八月十八日

致雅各布維恩先生：

先生，您委託我與達朗貝爾先生所進行的事情，我一直沒有機會去實現，因為我們很少見面，而且現在又失去了書信聯繫。此外，我最近獨自居住，與巴黎也失去了聯繫，所以我對巴黎的近況一無所知。

再說一說您所提到的文章，我想即使它的確不夠嚴謹，甚至會因此遭到指責，但我知道它肯定不會是有意攻擊他人的。

可是，如果文章無意中傷害到你的聖職人員，我想你的聖職人員們一定會對它做出很好的反應。

老實說，我對其中所涉及到的細節十分厭煩，我也十分不喜歡在信仰上讓某人屈從於程式。

事實上，我有自己的宗教信仰，而且在我看來，世界上沒有任何人比我更需要宗教信仰的了。

此外，我始終堅信著宗教信仰，即使我常常與非宗教信仰者相處，也絲毫不能動搖我對宗教信仰的決心。

　　對於非宗教信仰者，我尊敬他們，但我的信仰與他們的信仰不相容。事實上，我經常聲明，雖然我不清楚如何與他們鬥爭，但我會堅持自己的立場不動搖。

　　哲學在這些方面是無邊無際的，而且缺乏基本概念與原理。哲學只不過是無數的不確定和疑惑。

　　所以我聽任理性自然發展。換言之，支配我信仰的內在情感不為理性所左右。我讓他們自行安排他們自己的機遇以及必要的動作。就在他們憑藉骰子的一擲來建造他們的宇宙時，我卻在注視其目的的統一性，這告訴我，儘管他們反對，但獨一的創造者總是有的。

　　就像他們以前說的那樣，伊利亞德只不過是靠隨意投擲字母而構成的，我卻斷然對他們說：「這種事情是可能的，但絕不會是真實的」，除了我本身不相信這些外，我舉不出任何理由說明我為什麼不相信他們。

　　他們認為我這是偏見。好吧！就算如此，雖然這有些粗暴，但理性對這種比它自己還具有說服力的偏見又能起什麼作用呢？

　　至於精神和物質有什麼差別的問題，爭論是無休止的。但我深信一棵樹和我的思想之間沒有任何相同之處。

　　然而，看到他們為自己詭辯，以致於寧可賦予石頭意識，而不願意將靈魂交付他人，對此，我不禁感到有趣。

　　朋友，我相信上帝，如果我的靈魂不能永生，那麼上帝就不公正了。

　　我認為，你在宗教方面擁有了基本的、有用的論據，餘下的就讓爭論不休的人去爭論吧！

　　對於永恆的懲罰，我認為這與人的弱點、上帝的公正是不協調的，因此我摒棄它。

　　當然有一些心靈黑透了的人，我也無法理解他們怎會享受永久的天福，這是一種只有對自己感到滿意時才會有的甜蜜的感情。

這使我懷疑，壞人的靈魂是否在人死時就毀滅掉了，存在和意識是否就是對有道德的生活的報答。

儘管如此，這些對惡人的未來又有什麼意思呢？

在我的生命將結束時，我想到自己雖在世上受了眾多苦難，但我仍希望能繼續愉快地生存下去──我就心滿意足了。即使我為此希望所欺騙，但這希望本身就有好處，使我能較輕鬆地忍受一切苦難。

我平靜地等待現實仍對我隱蔽的真理能給我啟示。

我確信，即使美德並不能總使人幸福，但沒有美德，人類也絕不可能幸福地生活。

我確信，正直的人忍受苦難不會得不到補償。

我確信，清白人的眼淚較惡人子孫的眼淚更使人的心靈感到欣慰。

公元一七五八年二月十八日

致迪·帕克先生：

您好！

首先，在此向您說聲抱歉。我早已收到您的來信，但由於我身患重病，一直受著病痛的折磨。故直到今日才提筆寫下您的回信，望見諒。

我痛恨虛偽，熱愛真理。尤其是道德方面，但我並不是特別喜歡玄學方面。

如果您覺得我不夠真誠，那一定是這點在作怪。

我確信有益於我們的多數真理，都是唾手可得的。但我卻未見到玄學真理在這方面有可及之處。

如果玄學真理是可及的，我也會同樣地熱愛它。

先生，我不會根據我所不知的真理改變自己的決定。

你的著作可能證明了哲學家許諾要證明事實上從未證明過的道理。

你的自信給我留下了深刻的印象，我發現你的寫作是如此穩健又令人滿意。

由於我的目光短淺，如果在你的哲學中有些重要的東西，在本看不到真理的地方看到了真理，我不會感到意外。

我認識的真理是非常可愛的，但會讓人有優雅的心情。

我還是要說明一下，如果我的觀點被絕對的證實，你的觀點就不會對我有所干擾。

說實話，我自己不是完全的自信。我不知道我知識的不足是否有利於我求取新知。

先生，你指責我自相矛盾，並找到了某種解釋，或者說是解決的辦法。

當你要我做辯護時，我難以做到。相反地，我要大膽批評你的著作。

在有些地方，我可能是錯誤的，但是錯誤並不等於犯罪。

對於你提出的另一個要求，就嚴肅事件提出進一步忠告，我給你的答覆可能會令你失望。因為作者所要求的一般不是忠告。

我要指出，在你作品中發現的真理是所有哲學家共有的，並非你一人所獨有。

我還要說一句，一本書在出版前，就應該對它產生的效果進行分析。對好與壞、有益與無益進行比較。

好書與壞書取決於誰能在以上那兩點中占得主導地位。只考慮一本書包含的優點是不夠的。

先生，最後我想對你本人談點看法。

年輕人喜歡冒險，但是對於一個成熟的人，危害別人的休息是毫無意義的。

福特納爾先生曾說：「沒有一本書給作者的愉悅超過給他的煩惱。」我建議你讀讀他出版的書和他所求教的人！

先生，衷心地祝賀你！

公元一七六一年六月二十五日

致日內瓦羅米利：

愛屋及烏是人共同的特點，我因為尊敬你的父親，所以對你也有一些了解，我們雖然不曾認識，但是我仍然很喜歡你，而且值得相信的是，我對你的感情至多不少。

讀過你的頌歌，發現它有很深的寓意，具有年輕人的活力，有些詞句運用得很好，比喻的用詞也非常精準、巧妙；同時我也提出幾點小的意見，有些詩過於矯揉造作，缺少自然風韻，有些詞句過於晦澀難懂，缺少通俗易懂的詞句。

親愛的日內瓦羅米利，這些都是我個人見解，我用最衷心的語言表達，並向你致謝，同時我從你那得到的東西要比你給我的多，這一點是毫無疑問的。

從你的詩中，我看出你非常有才華，並且深信你會從自己的事業中創造出輝煌的成績。但是為了長遠幸福打算，如果你想像你父親一樣揚名於世、備受矚目，最好還是從事你父親的職業。

工作量不大、生活簡單有規律、心情平靜和身體健康，這些都是生活幸福的基礎，比知識和榮譽更具有重要的價值。換言之，若你能培育文人的才華，而不學習他們的偏差意見，尊重你所認為有價值的東西，那你就要繼續堅持自己的選擇。

有一點我不得不說，我認為你信中的言論對富人過於苛刻嚴厲，你自己可能沒有意識到。因為富人從出生到成功的過程中，生活上就比我們常人需

要的多。所以一旦他們落魄，他們將無法承受那些災難和困境。相對地，窮人因為適應了這種窮困的生活，一切痛苦對他們來講就不足為奇了。

我們應該對世界上所有的人公正、公平，即使是那些受處罰的人。倘若我們具有美德而沒有指責邪惡的正義，那麼他們很快就會有求於我們。最後補充一句，為了有權鄙視富人，我們最好節約，不過分追求財富。

再見了，親愛的羅米利，衷心地祝福你，願你事業有成。

盧梭名言

人生的價值是由自己決定的。

人生而自由，但卻無時無刻不在枷鎖之中。

浪費時間是一樁大罪過。

一切學科本質應該從心智啟迪時開始。

向他的頭腦中灌輸真理，只是為了保證他不在心中裝填謬誤。

德行啊！你是純樸的靈魂的崇高科學。

節約與勤勉是人類兩個名醫。

人的生活中最主要的是勞動訓練。沒有勞動就不可能有正常人的生活。

問題不在於告訴他一個真理，而在於教他怎樣去發現真理。

當一個人一心一意做好事情的時候，他最終會取得成功。

成功的祕訣在於永不改變既定的目標。

散步促進我的思想，我的身體必須不斷運動，腦筋才會開始運作。

奢侈的必然後果——風俗教化的解體，反過來又引起了趣味的腐化。

人在寂寞無聊中才會感受到跟擁有思想的人在一起生活的好處。

裝飾對於德行也同樣是格格不入的，因為德行是靈魂的力量和生氣。

你知道用什麼方法一定會使你的孩子成為不幸的人嗎？就是對他百依百順。

我們要避免我們的義務與利益發生衝突，避免從別人的災難中企望自己的幸福。

做老師的只要有一次向學生撒謊而露餡，就可能使他的教育成果全部付之一炬。

懷著善意的人不難表達他對人的禮貌。

讀書不要貪多，而是要多加思索，這樣的讀書使我獲益不少。

社會就是書，事實就是教材。

最盲目的服從乃是奴隸們僅存的唯一美德。

勞動是每個人不可避免的義務。

我深信只有具備道德的公民，才能向自己的祖國致以可被接受的敬禮。

我們中間誰最能容忍生活中的幸福和憂患，我認為就是受了最好教育的人。

要尊重兒童，不要急於對他作出好或壞的評判。

既然找不到一個完全獻身於我的朋友，就必須擁有以其為推動力、克服我惰性的朋友。

問題不在於教他各種學問，而在於培養他愛好學問的興趣，在這種興趣充分成長起來的時候，再教他研究學問的方法。

無知的人總以為他知道的事情很重要，應該逢人就說。但有教養的人不會輕易炫耀他肚子裡的墨水，他可以講很多東西，但他認為還有許多東西是他講不好的。

偉大的人絕不會濫用他們的優點，他們看出他們超過別人的地方，並且意識到這一點，然而絕不會因此就不謙虛。他們的過人之處越多，就越認識到自己的不足。

思考與實用的結合，就能產生明確的概念，進而找到一些簡便方法，這些方法的發現激勵著自尊心，而方法的準確性又能使智力得到滿足，原來枯燥無味的工作，透過這些方法就令人感到有趣了。

裝飾的華麗可以顯示出一個人的富有，優雅可以顯示出一個人的品味，但一個人的健康與茁壯則須由另外的標誌來識別，只有在一個勞動者的粗布衣服下面，而非孱倖者的穿戴之下，我們才能發現強而有力的身軀。

有些人常說生命是很短促的，我認為是他們自己使生命那樣短促的。因為他們不善於利用生命，所以他們反過來抱怨時間過得太快。可是我認為，就他們那種生活來說，時間倒是過得太慢了。

國家圖書館出版品預行編目（CIP）資料

你盧梭系的？跟著盧梭看民主共和 / 劉燁 , 曾紀軍 編譯 . -- 第一版 .
-- 臺北市：崧燁文化 , 2019.11
　　面；　公分
POD 版

ISBN 978-986-516-193-4(平裝)

1. 盧梭 (Rousseau, Jean-Jacques, 1712-1778) 2. 學術思想 3. 西洋哲學

146.42　　　　　　　　　　　　　　　　108018881

書　　名：你盧梭系的？跟著盧梭看民主共和

作　　者：劉燁 , 曾紀軍 編譯

發 行 人：黃振庭

出 版 者：崧燁文化事業有限公司

發 行 者：崧燁文化事業有限公司

E-mail：sonbookservice@gmail.com

粉 絲 頁：　　　　　　網 址：

地　　址：台北市中正區重慶南路一段六十一號八樓 815 室

8F.-815, No.61, Sec. 1, Chongqing S. Rd., Zhongzheng

Dist., Taipei City 100, Taiwan (R.O.C.)

電　　話：(02)2370-3310 傳　真：(02) 2388-1990

總 經 銷：紅螞蟻圖書有限公司

地　　址：台北市內湖區舊宗路二段 121 巷 19 號

電　　話：02-2795-3656 傳真 :02-2795-4100　　　網址：

印　　刷：京峯彩色印刷有限公司（京峰數位）

　　本書版權為千華駐讀書堂出版社所有授權崧博出版事業有限公司獨家發行電子
　　書及繁體書繁體字版。若有其他相關權利及授權需求請與本公司聯繫。

定　　價：300 元

發行日期：2019 年 11 月第一版

◎ 本書以 POD 印製發行